Das Dörnberggebiet im Naturpark Habichtswald

Natur – Kultur – Erlebnis

Sieglinde & Lothar Nitsche

unter Mitarbeit und mit Beiträgen von Wolfram Bauch, Stefan Denn, Jürgen Depenbrock, Lothar Folchmann, Dr. Kai Füldner, Klaus Fröhlich, Prof. Dr. Roland Hedewig, Axel Krügener, Harald Kühlborn, Ulf Lemmrich, Klaus-Bernd Nickel, Ute Raband, Otto Reinhard, George Reinhart, Horst Röhling, Dr. Jürgen Römer, Thomas Rose, Erich Rosner, Roland Ruhnau, Hans-Bernd Schmidt und Claudia Thöne

Herausgeber:
Nordhessische Gesellschaft für Naturkunde und Naturwissenschaften e.V. (NGNN) mit Landkreis Kassel und Stadt Zierenberg,
Naturschutzbund Deutschland e.V. (NABU),
Kreisverband Kassel Stadt und Land e.V.,
Fremdenverkehrsverein Zierenberg e.V.

cognitio

Impressum

Titelbilder:
Helfensteine, Fliegen-Ragwurz, Silberdistel, Gewöhnlicher Fransenenzian, Flockenblume mit Widderchen

Das Dörnberggebiet im Naturpark Habichtswald
Natur – Kultur – Erlebnis

Autoren:
Sieglinde & Lothar Nitsche

Herausgeber:
Nordhessische Gesellschaft für Naturkunde und Naturwissenschaften e. V. (NGNN) mit Landkreis Kassel und Stadt Zierenberg, Naturschutzbund Deutschland (NABU) Kreisverband Kassel Stadt und Land e. V., Fremdenverkehrsverein Zierenberg e. V.

Gestaltung und Herstellung:
cognitio Kommunikation & Planung, Verlag
Westendstraße 23
34305 Niedenstein
Telefon: 05624 925023

Druck:
Bing & Schwarz
Korbach

ISBN 978-3-932583-35-3

Copyright
Die vorliegende Zusammenstellung ist urheberrechtlich geschützt. Eine Vervielfältigung und Einspeicherung in elektronische Systeme, auch einzelner Teile, bedarf der schriftlichen Zustimmung der Verfasser und der Herausgeber.
Zierenberg 2010

© 2010 NGNN
Danziger Straße 11
34289 Zierenberg
E-Mail: nitschels@gmx.de
www.naturschutz-hessen.de

Inhalt

Vorwort	5
Das Dörnberggebiet im Märchenland der Brüder Grimm	6
Der Dörnberg und seine Berglandschaft	7
Zur Geologie und Enstehung des Dörnbergs	8
Naturschutz im Dörnberggebiet	10
Vielfalt der Lebensräume	12
Vegetation und Nutzung durch den Menschen	14
Lebensraum- und Artenschutz auf dem Dörnberg	18
Nutzung und Pflege durch Landwirtschaft	20
Waldbestände im Dörnberggebiet	22
Weideflächen und Segelflugplatz	23
Die Kalk-Halbtrockenrasen im Jahreslauf	25
Anpassung von Pflanzen an die Lebensbedingungen in Kalk-Halbtrockenrasen	26
Kurzporträts von Pflanzen	28
Tierwelt	45
Markante Berge und Felsen im Dörnberggebiet	50
• Helfensteine	50
• Hoher Dörnberg	52
• Wichtelkirche	53
• Hohlestein	54
• Bühl	55
• Hangarstein und Kopfsteine bei Fürstenwald	55
Naturerlebnis im Raum Kassel – Ausstellungen, Mitmachangebote und Informationen	57
• Naturparkzentrum Habichtswald	57
• Regionalmuseum Wolfhager Land	59
• Naturkundemuseum im Ottoneum Kassel	61
• Natur-Informationszentrum Naumburg	63
• BioLeKa – biologische Lernorte in der Region Kassel	68
• Ecomuseum Habichtswald	69
• Naturschutzbund Deutschland (NABU)	71
Wander- und Freizeitgebiet Dörnberg	73
Zentrum Helfensteine	82
Einkehrmöglichkeiten im Dörnbergebiet	83
Wo erfahre ich mehr?	84
• Stadt Zierenberg	84
• Naturparkzentrum Habichtswald	84
• Region Kassel-Land e.V. – Touristik und Regionalentwicklung	84

Literatur und Quellen 86
Zeittafel für das Dörnberggebiet 88
Register vorgestellter Arten bzw. Gattungen, Familien, Ordnungen 90
Bildautoren 90
Blühzeiten typischer Arten der Halbtrockenrasen im NSG Dörnberg 91
Karte: Naturpark Habichtswald 94
Karte: Wanderwege im Dörnberggebiet 95
Karte: Wandergebiet Dörnberg 96

Das Dörnberggebiet mit den Siedlungen Habichtswald-Dörnberg (im Vordergrund), Zierenberg-Friedrichstein (links) sowie den Caldener Ortsteilen Ehrsten, Meimbressen und Fürstenwald (oben von links nach rechts). Im Zentrum der Hohe Dörnberg mit den Helfensteinen und dem Segelflugplatz. (s. Karten S. 94 bis 96).
Foto 2006 © George Reinhart

Vorwort

Liebe Leserinnen und Leser,

Natur und Landschaft des Dörnberggebiets haben für Bürger und Gäste unserer Region eine besondere Bedeutung und Anziehungskraft. Ich freue mich, dass jetzt erstmals eine handliche Broschüre vorliegt, in der langjährige Beobachtungen und Forschungstätigkeiten von ausgewiesenen Fachleuten in Texten und Bildern zusammengefasst werden. Der Wert des Dörnbergs für Erholung, Natur- und Kulturerlebnis wird so auf kompakte Art anschaulich. Nur wenige Landschaften in Hessen bieten so vielseitige Möglichkeiten der Landschafts- und Naturerfahrung aus ganz unterschiedlichen Fachgebieten. Es sind Archäologen, Geschichtsforscher, Naturkundler, Umweltschützer, Landwirte, Forstleute, Touristen, Wanderer, Segelflieger und viele andere Interessengruppen, die in der Landschaft mit Ihren Institutionen tätig sind oder nur die Schönheit der Landschaft genießen möchten.

Der Zeitpunkt für die Herausgabe ist vor allem durch neue Entwicklungen rund um den Dörnberg gut gewählt. Die naturräumliche Vielfalt der Landschaft mit den Basalt- und Kalkformationen mit ihrer großen Formen- und Artenvielfalt waren bereits 1978 die Voraussetzung für die Einrichtung und Verordnung des Naturschutzgebietes „Dörnberg" und 2008 des europäischen Schutzgebietes „Dörnberg, Immelburg und Helfenstein". Dieser Status ermöglicht die langfristige zielgerichtete Pflege der Kulturlandschaft.

Ein dichtes Wanderwegenetz zeichnet sich durch besonders attraktive Bereiche aus, die als „Märchenlandweg", „Eco-Pfad Archäologie Dörnberg" und mit dem in der Realisierung befindlichen „Habichtswaldsteig" Volkskunde, Geschichte und Natur für den Wanderer erlebbar machen. Neuer Anziehungspunkt direkt am Hohen Dörnberg ist das im August 2009 eröffnete Naturparkzentrum des Zweckverbandes Naturpark Habichtswald. Hier erfährt der Besucher in Ausstellungen, Vortragsveranstaltungen, Seminaren und Führungen Wissenswertes über Natur und Kultur der Region.

Die neue Entwicklung im Dörnberggebiet ist vor allem durch eine gute Zusammenarbeit von Vereinen, Landwirten, Forstleuten, Fachbehörden, der Stadt Zierenberg als Eigentümerin der Flächen am Dörnberg und dem neuen Besitzer des ehemaligen Jugendhofes Dörnberg möglich. Neu eingerichtet wurde im Jahr 2006 das „Zentrum Helfensteine" als Heil- und Seminarzentrum. Mit dem Restaurant „Café Eden" wird das vielseitige gastronomische Angebot um den Dörnberg ergänzt.

Bei den Autoren und Mitarbeitern sowie bei den Herausgebern und dem Verlag möchte ich mich für die gelungene Darstellung von Natur und Kultur im Dörnberggebiet herzlich bedanken.

Uwe Schmidt,
Landrat des Landkreises Kassel

Das Dörnberggebiet im Märchenland der Brüder Grimm

Es war einmal vor sehr langer Zeit, da konnte man sich kaum vorstellen, dass es in Nordhessen eine so sagen- und märchenhafte Entwicklung gibt, deren zauberhafte weltweite Ausstrahlung den Brüdern Grimm mit ihren Forschungen und Niederschriften in ihrer Zeit in Kassel zu verdanken ist. Viele Menschen, die sich mit diesem herausragenden Kulturgut und dem Wirken der Brüder Jacob und Wilhelm Grimm (1785 bis 1863) befasst haben, entwickeln immer neue Begeisterung und Aktivitäten für die „Kinder- und Hausmärchen", die in mehreren europäischen Ländern gesammelt wurden. Märchenhafte Landschaften und Örtlichkeiten Nordhessens mit dem Dörnberggebiet um Helfensteine und Wichtelkirche sowie den historischen Gebäuden im Naturpark Habichtswald sind geeignet, die Grimmsche Märchen- und Sagenwelt in der Natur, im Kulturschaffen und bei Veranstaltungen zum Leben zu erwecken.

Durch das Dörnberggebiet führt die „Deutschen Märchenstraße". Sie verbindet die Lebensstationen der Brüder Grimm und die Orte und Landschaften, in denen einige Märchen beheimatet sind. Das Brüder-Grimm-Festival Kassel, das im Jahr 2008 Künstler begründet haben, findet bereits im dritten Jahr mit zahlreichen Veranstaltungen in den Sommermonaten in der „Grimm-Heimat Nordhessen" großen Zulauf.

Viele Märchen und Sagen sind aus Naturbeobachtungen hervorgegangen oder haben einen unmittelbaren Bezug zu Tieren und Pflanzen sowie ihrem Lebensraum, den sie mit den Menschen teilen. Die „Kinder und Hausmärchen" zählen heute zum UNESCO-Weltdokumentenerbe und sind das weltweit meistgelesene deutsche Buch. Als Gelehrte haben die Brüder Grimm das Wissen über unsere Sprache und Geschichte nachhaltig beeinflusst.

Für die Erhaltung und Pflege des Kulturgutes und des Engagements der Bürger für die Gesellschaft im Sinne der Brüder Grimm muss weiterhin Interesse geweckt werden und verantwortliches Handeln erfolgen. Das gleiche Ziel im Bereich von Naturkunde und Umweltschutz sowie der Kulturlandschaft hat auch die vorliegende Schrift „Das Dörnberg-Gebiet im Naturpark Habichtswald". Sie ist eine erstmalige aktuelle Schrift über eine bemerkenswerte Landschaft, die jeden Menschen begeistert, der Umweltempfindungen hat oder entwickelt. Ich danke den Wegbereitern und Mitarbeitern, die die Herausgabe dieser Schrift begleiteten, sehr herzlich. Allen, die die Einrichtung des „Naturparkzentrums Habichtswald" mit Engagement betrieben haben, gebührt Dank und Anerkennung.

Lothar Nitsche
Vorsitzender der Nordhessischen Gesellschaft für Naturkunde und Naturwissenschaften e. V.

Der Dörnberg und seine Berglandschaft

Der steil aufragende Hohe Dörnberg und seine angrenzende Berglandschaft mit Felsen, weiträumigen Weidelandschaften und Buchenwäldern gehört zu den beliebtesten Freizeitgebieten im Landkreis Kassel und in Nordhessen. Der markante Berg mit dem Basalt-Plateau erhebt sich über einem Sockel aus Muschelkalk, der sich vom Habichtswald nordwärts entlang des Warmetals erstreckt. In den angrenzenden Talniederungen liegen im Westen die Stadt Zierenberg, im Süden die Gemeinde Habichtswald mit dem Ortsteil Dörnberg, im Norden die Caldener Ortsteile Ehrsten und Fürstenwald und im Osten der Ahnataler Ortsteil Weimar. (siehe Karte Seite 95)

Das Freizeitgebiet um den Dörnberg gehört zum Naturpark Habichtswald. Er erstreckt sich im Altkreis Wolfhagen vom Breunaer Ortsteil Niederlistingen im Norden bis zum Naumburger Stadtteil Heimarshausen im Süden. Im Osten schließen sich Flächen von Calden, Ahnatal, Kassel mit dem Bergpark Wilhelmshöhe, Schauenburg und Baunatal an. Im Schwalm-Eder-Kreis sind Niedenstein, Gudensberg, Edermünde und Fritzlar beteiligt. (siehe Karte Seite 94)

Markante Kuppen in der Berglandschaft des Dörnberggebiets sind Hoher Dörnberg mit 587,8 m ü. NN, Helfensteine 509,8 m, Hohlestein 476,6 m, Hangarstein 418,5 m, Postenberg und der nördlich anschließende Kleine Schreckenberg 474,7 m sowie Großer Schreckenberg 460,0 m mit Aussichtsturm. Als „Dörnberg" werden heute der „Hohe Dörnberg" und die von ihm nach Norden streichende Hochfläche und ihre Hangbereiche bezeichnet, die nach Westen zum Warmetal und nach Norden und Osten in Richtung Ehrsten, Fürstenwald und Weimar abfallen. Flurnamen, die in den heutigen Karten verzeichnet sind, bezeichnen Teilbereiche wie Immelburg, Helfensteine, Blumenstein und Wichtelkirche. Die kahle Höhe nördlich des Hohen Dörnbergs mit der Höhenangabe 481,6 m in der topografischen Karte 1:25.000 trägt in alten Karten den Namen „Der Kessel" und wird heute vielfach „Kleiner Dörnberg" genannt.

Höchste Bergkuppe im Dörnberggebiet ist der Hohe Dörnberg mit 579 m. Seine exponierte Lage nutzen die Menschen schon seit der Steinzeit.

Zur Geologie und Entstehung des Dörnbergs

Roland Hedewig

Der größte Teil des Dörnbergs besteht aus Unterem Muschelkalk (Wellenkalk), der vor rund 240 Millionen Jahren in einem Meer über einem Sockel aus Buntsandstein abgelagert wurde. Später lagerten sich über dem Muschelkalk Meeressedimente der Jura- und Tertiärzeit ab. Infolge der Kontinentalverschiebung wurden diese Sedimente in der Tertiärzeit in mehreren Schüben so gehoben, dass der ehemalige Meeresboden über den Meeresspiegel gelangte und unterschiedlich hohe Erhebungen bildete. Gleichzeitig mit der Hebung setzte die Abtragung durch Regen, Flüsse und Bergstürze ein. Ein großer Teil der Abtragung erfolgte durch Bodenfließen während der Eiszeiten, als der Boden regelmäßig tief gefror und oberflächlich wieder auftaute. Auf diese Weise wurden die auf dem Muschelkalk liegenden Sedimente und auch ein Teil des Muschelkalks selbst abgetragen (vgl. PROBST 1986).

Vom Hohen Dörnberg kann die ausgedehnte Weidefläche gut überblickt werden: links die Westhälfte mit den nach Süden geneigten Kalk-Magerrasen. (Foto 2006)

Die Hebungen im Tertiär führten zu zahlreichen Spalten im Gestein. Durch solche Spalten drang im letzten Drittel der Tertiärzeit, im Miozän, vor 14 bis 7 Millionen Jahren, Magma aus der Tiefe nach oben und bildete viele kleine Vulkane. Anfangs schleuderten die Vulkane Asche aus unterschiedlich großen Lava- und Gesteinspartikeln in ihre Umgebung, die Asche verfestigte sich zu Basalttuff. Aus solchem Tuffstein besteht das Herkulesbauwerk in Kassel. Später floss aus Schloten glutflüssige Basaltlava, die beim Erstarren Decken aus Basaltgestein bildete.

Unter diesen blieben Tertiärsedimente erhalten, so dass die Basaltdecken alle auf einem Sockel aus Sedimenten liegen, die rings um die Basaltdecke sichtbar sind. Diese Sedimente der Tertiärformationen Oligozän und Unter-Miozän bestehen aus Sanden, Tonen, Quarziten und an vielen Stellen auch Braunkohle, die man z. B. am Osthang des Hohen Dörnbergs (465 m ü. NN) 1954 bei einer Schürfbohrung in 7 m Tiefe fand (RÖSING 1969).

Der Hohe Dörnberg trägt eine Basaltdecke. Der zugehörige Basaltschlot liegt verdeckt südlich im Dorf Dörn-

Rechts anschließend die Osthälfte mit der Immelburg und den Helfensteinen. Die eisenzeitliche Wallanlage, die die Siedlung auf der Immelburg nach Norden abschirmte, ist deutlich zu erkennen. Waldbereiche am Rand der Immelburg wurden inzwischen vom Orkan Kyrill geworfen. (Foto 2006)

berg und wurde zusammen mit dem südlichen Teil der Basaltdecke so weit abgetragen, dass er heute nur noch im Untergrund vorhanden ist. Das unter der Basaltdecke erhaltene Tertiärsediment ist gut am Hang hinter und oberhalb der Siedlung Friedrichstein zu sehen. Die Grenze zwischen Basalttuff und dem darunter liegenden Tertiärsediment liegt am Hohen Dörnberg bei 480 – 500 m und am Helfenstein bei 480 m. Die Basaltschlote sind im festen Muschelkalkgestein nur 0,3 bis 8 m breit, im darüber liegenden weichen Tertiärsediment verbreitern sie sich bis auf 35 m (RÖSING 1969).

Ausgeworfene Basaltlava kühlt schnell ab und bildet ein homogenes Gestein. Dagegen kühlt ausfließende Basaltlava verzögert ab und bildet dann die bekannten, meist hexagonalen Basaltsäulen, die stets senkrecht zur Abkühlungsfläche stehen. Deshalb liegen sie im Schlot waagerecht, während sie in Basaltdecken senkrecht stehen.

Das Dörnberggebiet enthält mehrere Vulkanschlote, deren Basaltdecken längst abgetragen sind, so dass nur noch der aus dem Tertiärsediment aufragende Basaltstiel übrig blieb. Beispiele sind die Helfensteine, die Wichtelkirche und der Hohlestein. An den Felsen der Helfensteine stehen die Basaltsäulen schräg in verschiedenen Richtungen, weil hier der Übergang von der waagerechten Lage im Schlot zur senkrechten Stellung in der Basaltdecke zu sehen ist. Außerdem befinden sich hier Basalttuffe.

Eine Besonderheit zeigt der Basaltfelsen der Wichtelkirche. Er befindet sich unterhalb der Grenze Tertiär/Muschelkalk, weil hier die Sedimente bis in den Muschelkalk hinein abgetragen sind. Der Basalt-Aufstiegskanal liegt am Südende des Felsens und ist zum Teil mit Brockentuff ausgefüllt. Von dort aus ragt ein Gang der Basaltart Limburgit in einer Breite von 25 m nach Norden in das Gestein des Unteren Muschelkalks hinein (RÖSING 1969).

Naturschutz im Dörnberggebiet

Das Naturschutzgebiet (NSG) Dörnberg wurde 1978 mit einer Größe von 110 ha ausgewiesen. Seine ausgedehnten, orchideenreichen Magerrasen gehören zu den bedeutendsten in Hessen. Das NSG liegt in der Gemarkung der Stadt Zierenberg, die Besitzerin der Flächen ist, und nimmt vor allem die Hänge unterhalb der eingezäunten Rinderweide von der Wichtelkirche am Westhang entlang bis zur Straße Zierenberg-Ehrsten ein. Neben den teils mit Gebüschen bewachsenen Magerrasen befinden sich Fichten- und Kiefernbestände an den Nordwest-Hängen.

Zur Erhaltung der „Biologischen Vielfalt" wurde 2008 das Flora-Fauna-Habitat-

Gebiet (FFH-Gebiet) „Dörnberg, Immelburg und Helfenstein" mit 435 ha ausgewiesen. Einbezogen sind artenreiche Buchenwälder, zusammenhängende Grünlandflächen und einzelne Basaltfelsen sowie das Naturschutzgebiet Dörnberg. Das FFH-Gebiet erstreckt sich auch über Teile der Orte Habichtswald-Dörnberg und Ahnatal-Weimar. Weitere europäische Schutzgebiete in der Nachbarschaft sind die FFH-Gebiete:

- „Wälder bei Zierenberg" mit dem Waldgebiet zwischen Obermeiser und Zierenberg, Rohrberg, Klausberg, NSG Hute vor dem Bärenberg, Stuvenberg und Spielberg sowie Falkenberg (1.493 ha)
- „Burghasunger Berg" (9 ha)
- „Bachlauf der Warme von Ehlen bis Liebenau" (54 ha)
- „Habichtswald und Seilerberg bei Ehlen" (2.913 ha).

Das Naturschutzgebiet Dörnberg umschließt halbkreisförmig den Segelflugplatz auf der Rinderhute (nördlicher Teil mit den Basaltkuppen des Großen und Kleinen Kessels). Hangrippen, Hänge und Mulden, die in verschiedenen Himmelsrichtungen liegen, haben unterschiedliche Standortbedingungen. Hierdurch ist eine Vielfalt von Lebensräumen ausgeprägt. Foto 2006 © George Reinhart

Vielfalt der Lebensräume

Wer Ende April/Anfang Mai vom Parkplatz am Eingang zum Naturschutzgebiet Dörnberg aus über den Alpenpfad geht, sieht rechts und links vom Weg ein Meer von Schlüsselblumen und Orchideen und zahlreiche Wacholderbüsche. Dabei drängt sich die Frage auf, weshalb diese Pflanzen gerade hier in einer solchen Fülle wachsen. Dann folgen Waldstücke, schließlich wieder Grasflur mit Orchideen und Wacholdern. Hier kann man fragen, welchen Anteil der Mensch am Vorhandensein von Wald, Gebüsch und Grünland auf dem Dörnberg hat. Gehen wir den Alpenpfad bis zum Ende weiter, sehen wir rechts unten den Basaltfelsen der Wichtelkirche und geradeaus oben die Felsen der Helfensteine, die beide eine andere Vegetation tragen. Solche Beobachtungen können der Anlass sein, sich mit geologischen Voraussetzungen für das Relief des Dörnbergs und seiner Pflanzenwelt sowie dem Einfluss des Menschen auf diese zu befassen.

Die Helfensteine sind ein durch Verwitterung freigelegter Vulkanschlot. Besonders markant ist hier die Säulenstruktur des Basalts zu erkennen.

Die bodenbildenden Gesteine, die Ausformung der Landschaft mit Bergkuppen, Höhenzügen, Plateaulagen und Steilhängen, die Wasserversorgung des Bodens und die klimatischen Bedingungen beeinflussen Vegetation und Tierwelt. Hinzu kommt die Nutzung der Landschaft durch den Menschen, die in den einzelnen Epochen sehr unterschiedlich war.

Geologisch besteht der Dörnberg von oben nach unten vorwiegend aus Gesteinen und Lockermaterial der drei Formationen Tertiär (mit den Basaltfelsen), Muschelkalk und Buntsandstein. Unter Basalttafeln liegt eine 50

Zwischen Großem Kessel und Hohem Dörnberg befindet sich der Kleine Kessel eine Erhebung aus Basaltfelsen mit einem Blockfeld. Nach dem Laubaustrieb im Mai blühen am Hang die Weißdornbüsche.

bis 70 m dicke Schicht aus lockeren Tertiärsedimenten (Sand, Ton, Quarzit, Braunkohle). Aus **Basalt** bestehen die Tafel des Hohen Dörnbergs, Felsen wie Helfensteine, Immelburg und Wichtelkirche sowie Großer und Kleiner Kessel und Blockfelder, die durch Abbrüche an den Rändern der Basaltfelsen entstanden sind. Sie sind von Tuffen und lehmdurchsetztem Basalthangschutt ummantelt. Ihre Verwitterungsprodukte bilden den Bodentyp Braunerde, die am Dörnberg teilweise auffallende Dunkelfärbung zeigt. Sie entsteht durch starke biologische Durchwühlung des humusreichen Bodens, z. B. durch Regenwürmer, und kann an den frisch aufgeworfenen Mauswurfshaufen im Grünland beobachtet werden (NATURKUNDEMUSEUM KASSEL 2009). An einigen Stellen treten Quellen zutage, die Wasser undurchlässige Schichten markieren und deren Wasserschüttungen teils als Viehtränken genutzt werden.

Unterhalb der tertiären Sedimente des Hohen Dörnbergs liegt eine ca. 100 m mächtige Schicht aus Wellenkalk des **Unteren Muschelkalks**. Grenze zwischen diesen beiden geologischen Formationen ist zu einem großen Teil der Weidezaun, der die Rinderweide von den darunter liegenden Magerrasen im NSG begrenzt. Auf Muschelkalk treten wegen seiner hohen Wasserdurchlässigkeit an Steilhängen vor allem zum Warmetal und Heilerbach nur sehr trockene und flachgründige Böden auf. Teilweise bilden sie nur spärlich bewachsene Schuttflächen auf denen der Oberboden abgetragen wurde, und die durch Jahrhunderte lange Beweidung ausgehagert sind, also nur wenig Pflanzennährstoffe enthalten. Flache Hänge östlich des Parkplatzes am Alpenpfad, die als Äcker genutzt werden, fallen im Frühjahr durch die von

In einem Steinbruch am Übergang von der Immelburg zum Hohen Dörnberg wurde Basalttuff abgebaut. In diesem gegenüber Basalt leicht zu bearbeitendem aber nicht wetterbeständigem Material sind Einschlüsse verschiedener Gesteinsbrocken zu erkennen, die der Basalt beim Durchbrechen der Erdkruste mitgerissen hat.

Basalttuff ist ein weniger festes Gestein als Basalt. Flechten siedeln auf der rauen Oberfläche und Acker-Hornkraut findet in Spalten Wuchsmöglichkeiten.

weißen Kalksteinen übersäten Flächen auf, die den krümeligen, humosen, dunkel gefärbten und relativ nährstoffreichen Boden bedecken. Sie werden als Scherbenäcker bezeichnet.

Dort, wo die Hänge zum Tal hin wieder flacher auslaufen, beginnt der Gesteinssockel des **Röt** (Oberer Buntsandstein), erkennbar an den rötlichen Bodenfärbungen, wenn frisch geackert wurde. Der Boden wird aus Tonen gebildet und ist nur bei bestimmter Bodenfeuchtigkeit günstig zu bearbeiten. Er wird daher auch als Stundenboden bezeichnet. An der Nahtzone von wasserdurchlässigem Kalkgestein zu wasserstauendem Röt treten Quellen zutage, z. B. im „Nordbruch", im „Heilerbach" und „In der Kohlsgrund".

Klima: Die Kalkhänge des Dörnbergs liegen im Wind- und Regenschatten des westlich von Zierenberg gelegenen Bärenbergmassivs. Die durchschnittliche Jahresniederschlagsmenge an den Dörnberghängen in den unteren bis mittleren Höhenlagen ist mit 600 bis 650 mm geringer als in den Lagen über 450 m, bei denen 750 mm gemessen werden. Die Jahresdurchschnittstemperatur an den Hängen liegt bei 8 – 9 °C, in den Hochlagen des Dörnbergs bei 7 °C (MEINECKE & KRÜGENER 2005).

Vegetation und Nutzung durch den Menschen

Die heute in den Wäldern des Naturparks vorherrschende Rotbuche ist nach der Eiszeit erst relativ spät von Osten her eingewandert; vorher waren Hasel, Birke und danach Eiche Hauptholzarten. Buchen erreichten erst um 4.000 bis 3.000 v. Chr. unseren Raum. Ohne den Einfluss des Menschen würde das Dörnberggebiet heute mit einem Buchenmischwald bewachsen sein. Je nach Höhenlage und Bodenbeschaffenheit wären Berg-Ulme, Berg-, Feld- und Spitz-Ahorn, Elsbeere, Winter- und Sommer-Linde, Trauben-Eiche, Hainbuche und Wildobst eingestreut. Diese Waldbilder gibt es am Dörnberg nicht mehr. Lediglich der obere Südhang des Hohen Dörnbergs zum Ort Dörnberg hin trägt einen alten Buchenwald, der zwar zur Holzgewinnung genutzt wurde, aber vermutlich niemals völlig abgeholzt wurde. Auch andere Teile des Gebietes wie Hohlestein, Hangarstein, Postenberg und Schreckenberge sowie die meisten Wälder des Naturparks tragen Laubwald, der sich natürlich verjüngt (NITSCHE & NITSCHE 1998). Nadelholzbestände zeigen meist ehemalige Huteflächen an, die nach Aufgabe der Beweidung im 19. Jahrhundert mit Fichten, Kiefern oder Lärchen aufgeforstet wurden.

Zum Beginn der Buchenzeit siedelten schon Menschen in unserer Gegend. Archäologische Funde weisen darauf hin, dass der Dörnberg schon zur Jungsteinzeit (um 3.600 v. Chr.) und weiterhin in der keltischen Eisenzeit (um 600 v. Chr.) besiedelt war (KAPPEL in: MAGISTRAT STADT ZIERENBERG 1993). Wallanlagen aus dieser Zeit um den Hohen Dörnberg mit seinem 6,5 ha großen befestigten Plateau und ein 11 ha großes mit einem weiteren Wall umgebenes Gelände an der Immelburg, das 2009 archäologisch bestätigt wurde, lassen auf ein bedeutendes Macht- und wahrscheinlich auch Kulturzentrum schließen. Im Frühmittelalter (7./8. Jhd.) nutzten die Franken den Hohen Dörnberg als strategisch wichtigen Standort (LANDKREIS KASSEL 2006, MERTL 2009). Die Hochflächen zwischen den Bergkuppen wurden vermutlich schon im 12. bis 14. Jahrhundert n. Chr. ackerbaulich genutzt, was noch heute an den etwa 18 bis 20 m breiten hangparallelen Streifen im Grünland bei schrägem Lichteinfall oder Schneeverwehungen erkennbar ist.

Zur Zeit der hochmittelalterlichen Besiedlung war der Dörnberg weitgehend entwaldet. Die Entwaldung erfolgte in Ortsnähe durch Rodung zur Gewinnung von Ackerland, weiter entfernt durch Waldweide, die bei uns im Mittelalter und danach die überwiegende Form der Weidewirtschaft war. Das Vieh ernährte sich im Wald auch von Keimlingen und vom Jungwuchs der Bäume, so dass der Wald immer lichter wurde und schließlich verschwand. Dort, wo der Wald durch Waldweide zurückgedrängt und zu Grünland geworden war, weidete das Vieh auch im Grünland, soweit man dieses nicht in Ackerland umwandelte. Die Zeit der größten Entwaldung war in Deutschland das 18. Jahrhundert.

Im frühen Mittelalter wurde auf den Flächen zwischen Helfensteinen und Kessel Ackerbau betrieben. Noch heute sind bei günstigem Licht oder bei geringer Schneelage hangparallele Streifen zu erkennen, die die ehemaligen schmalen Felder kennzeichnen.

Die zunehmende Bevölkerungszahl erforderte eine umfangreiche Viehhaltung. Das Vieh wurde an den Hängen, die nicht ackerbaulich nutzbar waren, gehütet. Als Viehhute nutzten die Bewohner von Zierenberg, Dörnberg und Weimar den Dörnberg. Im Jahr 1859 wurden in Zierenberg 274 Pferde, 383 Kühe, 3.168 Schafe und 399 Schweine gehalten; 1883 sind 281 Ziegen angegeben (BALHAR in: MAGISTRAT ZIERENBERG 1993). Um 1900 bestand in Zierenberg mit etwa 200 Tieren die größte Ziegenherde im westlichen Deutschland. Den Tiergattungen waren am Dörnberg bestimmte Hutebereiche zugeteilt: Ziegen beweideten überwiegend die Halbtrockenrasen (teils gleiche Flächen wie die Schafe), Schafe die Bereiche nördlich des Kessels, die Muschelkalkhänge, den Nordhang des Hohen Dörnbergs und die Ostseite des Dörnbergmassivs. Rinder wurden hauptsächlich auf der Hochfläche südlich des Kessels gehütet, Schweine in der Soldatenschlucht (Schlucht an der Abzweigung von der Ehrster Straße zum Dörnberg) und Gänse in der Gänseschlucht (Nordbruch) (BRAUNEWELL 1986). Gänse und Schweine wurden nur bis zum 1. Weltkrieg an den Dörnberg getrieben. Bei der intensiven Beweidung war eine natürliche Wiederbewaldung nicht möglich. Erst in der zweiten Hälfte des 19. Jahrhunderts ging die Intensität der Weidenutzung zurück, da durch Kartoffelanbau, Mineraldünger und Stallhaltung eine Produktivitätssteigerung in der Landwirtschaft ermöglicht wurde. Seit dieser Zeit plante man, den Dörnberg wieder zu bewalden, um gegen die herrschende Holzknappheit vorzugehen. Erste Aufforstungen zur Holzerzeugung gab es allerdings schon früher: um 1840 wird von einem 30- bis 40-jährigen bereits durchforsteten Kiefernbestand auf 6,5 ha Fläche berichtet. Die Stadt Zierenberg bezog 1835 Fichtensamen aus dem Schwarzwald und Lärchensamen aus Tirol. Die Waldneubegründungen waren mehr oder weniger erfolgreich. Nadelholzbestände aus dieser Zeit gibt es jetzt nicht mehr, aber spätere Neuanlagen an teils gleichen Standorten. Aus der Zeit um 1850 stammen vier sogenannte kleine Hutewälder aus Buchen, von denen zwei gut erhalten sind (nördlich des Kessels und am Blumenstein) und weiterhin noch Reste im Bereich des „Zentrums Helfensteine" und am Fliegerlager. Die Hutebäume dienten als Schattenplatz für die Weidetiere und vor allem als Lieferant von Bucheckern. Schweine wurden zur Mast in den Wald getrieben, damit sie die fetthaltigen Früchte fraßen. Um breitkronige Bäume zu erzeugen, die frühzeitig fruchten, wurden sie in einem weiten, regelmäßigen Abstand gepflanzt und in ca. 3 m Höhe geköpft.

Ausgehend von den Hutewäldern kann heute eine Ausbreitung der Buche beobachtet werden: Von Eichelhähern im Grasbereich neben Wacholdern versteckte Bucheckern wachsen im Schutz des Nadelgehölzes empor, überwuchern dieses und bringen es zum Absterben (s. folgende Fotos).

Der schattige, alte Buchen-Hutewald am Alpenpfad strahlt Ruhe und Erhabenheit aus.

Beispiel für eine Entwicklung vom Magerrasen zum Wald: Vom Eichelhäher an einem Wacholder gut versteckte Buchecker ist durch den Schutz vor Verbiss zu einer kleinen Buche herangewachsen.

Nach mehreren Jahren hat die Buche den Wacholder bereits an Höhe übertroffen.

Der Buchenbaum beschattet den Wacholder inzwischen so stark und beansprucht die im Boden zur Verfügung stehenden Nährstoffe, dass der Wacholder abgestorben ist.

Anfang des 20. Jahrhunderts wurden größere Flächen mit Fichte und Kiefer oder Lärche aufgeforstet. Das geschah an der Westseite des Hohen Dörnbergs, unteren Hangbereichen des Kessels nach Norden und Westen sowie Bereichen östlich der Helfensteine (HOFFMANN 1993). Orkane haben Teile dieser Nadelhölzer geworfen, am stärksten wirkte der Orkan „Kyrill" am 18.01.2007 in den Beständen östlich der Helfensteine und der Immelburg. Die zurückgehende Hutenutzung in der zweiten Hälfte des 20. Jahrhunderts ließ Gehölze aufkommen, die die Magerrasen überwuchern und ein Vorstadium zu einem sich allmählich entstehenden Wald bilden. Wenn die offenen Huten erhalten werden sollen, ist eine Weide-Nutzung und Pflege der Flächen notwendig.

Lebensraum- und Artenschutz auf dem Dörnberg

Erste Schutzbemühungen gab es bereits Anfang des 20. Jahrhunderts: „Aus Anlass des 25-jährigen Regierungsjubiläums des Kaisers beschloss die Stadt Zierenberg am 14. Juni 1913, die Helfensteine, den Blumenstein und einen am Nordabhang des kleinen Gudensberg gelegenen etwa 3 Acker großen Plenterwald mit dem Fliegenküppel unter Naturschutz zu stellen." (SCHOENICHEN 1926)

Das Naturschutzgebiet (NSG) „Dörnberg" wurde 1978 auf der Grundlage des Bundes- und Hessischen Naturschutzgesetzes ausgewiesen. Die Zielsetzung bestand darin, den Kalk-Magerrasen mit seinen typischen Arten zu erhalten. Dies erfolgt durch die Beweidung mit Schafen, Ziegen und Rindern sowie speziellen Pflegeeinsätzen. Besonderheit des großflächigen Kalk-Magerrasens des Dörnbergs ist, dass dieser nicht gedüngt wurde und sich dadurch ein an die natürlichen Standortbedingungen angepasster Pflanzenwuchs über Jahrhunderte entwickeln und erhalten konnte. Durch die spezielle heutige „Pflegenutzung" kann die typische, halboffene, parkartige Landschaft mit weiten Ausblicken für die Erholung und Naturbeobachtung gesichert werden. Besonders ansprechend sind die großflächigen Wacholderhuten, die zu den bedeutendsten Kulturlandschaften in Deutschland gehören.

Das größere Natura 2000-Gebiet (FFH-Gebiet) am Dörnberg ist Teil eines Netzes besonderer Schutzgebiete, das innerhalb der Europäischen Union errichtet wurde. Sein Zweck ist der länderübergreifende Schutz gefährdeter wildlebender heimischer Pflanzen- und Tierarten und ihrer natürlichen Lebensräume.

Um die gefährdeten Biotope im Naturschutzgebiet zu schützen, werden jährlich von der Oberen Naturschutzbehörde auf der Grundlage eines Pflegeplanes Maßnahmen festgelegt und finanziert, die das Forstamt Wolfhagen umsetzt.

Für das größere FFH-Gebiet erfasst eine Grunddatenerhebung alle vorkommenden FFH-Lebensraumtypen und -arten. Darauf aufbauend wird ein Managementplan erstellt, in dem alle Maßnahmen festgeschrieben werden, durch die ein guter Zustand erhalten oder entwickelt werden kann.

Der wichtigste und gleichzeitig teuerste Beitrag für das Offenhalten der Grünländer, Kalk-Magerrasen und Wachholderhuten sind die Beweidungsverträge, in denen sich die ausführenden Landwirte verpflichten, das Beweiden mit Schafen, Ziegen und Rindern durchzuführen. Abschluss und Kontrolle dieser Verträge erfolgen je nach Zuständigkeit durch das Forstamt Wolfhagen oder das Amt für ländlichen Raum Hofgeismar beim Landkreis Kassel.

Da das Beweiden allein jedoch nicht ausreicht, um die Kalk-Magerrasen dauerhaft offen zu halten, müssen zusätzlich jedes Jahr Entbuschungen mit dafür geeigneten Maschinen und eine

Mulchmahd auf Teilflächen durchgeführt werden. Zusätzlich finden verschiedene, kleinere Pflegeeinsätze statt, die der Erhaltung von schützenswerten Biotopen und Arten dienen.

Alle diese Maßnahmen tragen zum langfristigen Erhalt der schützenswerten Pflanzen und Tiere auf dem Dörnberg bei.

Im FFH-Gebiet „Dörnberg, Helfenstein und Immelburg" nachgewiesene schutzwürdige Lebensraumtypen nach dem europäischen Schutzgebietssystem Natura 2000: (MEINECKE & MENGE 2004)

Lebensraumtyp	Vorkommen und typische Arten
Trockene europäische Heiden	kleinflächig am Südhang der Helfensteine mit dominierender Besenheide; Dreizahn, Haarblättriges Widertonmoos, Salbei-Gamander
Wacholderformationen auf Kalktrockenrasen und submediterrane Halbtrockenrasen ohne Blaugras	Wacholderbestände mit Enzian-Schillergras-Rasen überwiegend im NSG; Arten siehe Pflanzenportraits
Feuchte Hochstaudenfluren	linear entlang des Heilerbaches; Gewöhnl. Mädesüß, Sumpf-Storchschnabel, Blut-Weiderich, Kohl-Kratzdistel, Knolliger Kälberkropf
Extensive Mähwiese der planaren bis submontanen Stufe	Grünland in der Plateaulage und östlich von Friedrichstein; Schafgarbe, Glatthafer, Goldhafer, Flaumhafer, Kleine Bibernelle, Gewöhnl. Hornklee, Kleiner Klappertopf, Knöllchen-Steinbrech, Echtes Labkraut, Acker-Witwenblume
Kieselhaltige Schutthalden; Natürliche und naturnahe Kalkfelsen und ihre Felsspaltenvegetation; Silikatfelsen und ihre Felsspaltenvegetation; Silikatfelskuppen mit Pioniervegetation des Sedo-Scleranthion	kleinflächig an Kalkfelswand, Rändern der Basaltblockhalden, Basaltfelsen und Basaltkuppen; Männlicher Wurmfarn, Stinkender Storchschnabel, Trauben-Gamander, Tüpfelfarn, Mauerraute, Nordischer und Brauner Streifenfarn, Berg-Lauch, Bleiches Zwerg-Hornkraut, Sand- und Hügel-Vergissmeinnicht, Hasen-Klee, Berg-Fetthenne, Feld-Steinquendel, Scharfer und Mittlerer Mauerpfeffer, Knäuel-Arten
Waldmeister-Buchenwald; Orchideen-Buchenwald; Hang- und Schluchtwald; Bachauenwald	an den Hängen des Dörnbergs zum Ort Dörnberg; Pfirsichblättrige und Nesselblättrige Glockenblume, Sanikel, Straußblütige Wucherblume, Schwalbenwurz, Wald-Veilchen, Silberblatt, Akelei, Rotes und Weißes Waldvöglein, Rotbraune, Breitblättrige und Müllers Ständelwurz, Nestwurz, Purpur-Knabenkraut, Berg-Waldhyazinthe, Ährige Teufelskralle, Ausdauerndes Silberblatt, Aronstab, Goldnessel, Wald-Bingelkraut, Hohe Schlüsselblume

Nutzung und Pflege durch Landwirtschaft

Aus der Hutezeit stammt der 1908 erbaute Rinderstall nahe der Wichtelkirche. Hier wurden abends die Rinder eingetrieben. Im Jahr 1963/64 wurden ca. 105 ha als Großviehweide eingezäunt, da sich kein Hirte mehr für die Pferde und Rinder fand. Die heutige Zaunlänge beträgt etwa 5 Kilometer. Seit der Einzäunung besteht ein unbefristeter Pachtvertrag zwischen der Stadt Zierenberg als Eigentümerin der Flächen und dem Ortsbauernverband Zierenberg. Seit 1978 werden nur noch Rinder auf der Dörnbergweide gehalten. Von 2001 bis 2006 weideten Rinder im Rahmen des Hessischen Landschaftspflegeprogramms, bei dem sich der Ortsbauernverband verpflichtete, auf der gesamten Fläche auf das Düngen und Ausbringen von Pflanzenschutzmitteln zu verzichten. Seit 2006 wird eine extensive Beweidung nach dem Hessischen Integrierten Agrarumweltprogramm gefördert. Seit dieser Zeit werden 130 bis 150 Rinder (Färsen und Ochsen) verschiedenster Rassen von 10 bis 15 Besitzern von Mitte Mai bis Ende Oktober aufgetrieben. Ein täglicher Hütedienst kontrolliert Tiere und Tränken. Von März bis Ende April werden Zäune repariert oder erneuert, die Wasserstellen gepflegt und die Weide abgeschleppt um Unebenheiten, z. B. Maulwurfshaufen, auszugleichen. Brennnesseln und Disteln werden vor dem Aussamen in Handarbeit mit Sensen abgemäht. Über Winter erfolgt eine Heckenpflege. Den Viehauftrieb im Mai feiern die Landwirte als Fest am Rinderstall, zu dem die Bevölkerung eingeladen ist.

Weitere eingezäunte Flächen am Fuß des Hohen Dörnbergs werden von

Ab Mitte Mai bis Ende Oktober weiden bis zu 150 Rinder auf den ausgedehnten Großviehweiden.

Die breiten frisch-grünen Rasenflächen in der Weide werden als Start- und Landebahnen für Segelflugzeuge genutzt. An Drehkreuzen können die Besucher die Weidezäune passieren. Bei Flugbetrieb dürfen die Flugbahnen nicht betreten oder überquert werden.

Mehr als 500 Schafe werden im Sommer und Herbst auf den Magerrasen des Dörnbergs gehütet. Sie halten die Vegetation niedrig.

Ziegen sind aktive Helfer, um die Magerrasen zu erhalten, indem sie Blätter und Triebe von Gehölzen fressen und die Rinde von Ästen und Stämmen abschälen.

einem Landwirt für die Rinderhaltung genutzt. Oberhalb von Friedrichstein befinden sich Mähweiden.

Die oberen Nordhänge zum Hohen Dörnberg sind ohne Nutzung. Sie sind von einer dichten Matte von Altgras überdeckt, die überwiegend aus Fieder-Zwenke besteht. Sie färbt den Dörnberg bis weit in das Frühjahr mit einer fahlen Farbe, wenn die Weiden bereits in frischem Grün stehen. Dichter Grasfilz verhindert ein Aufwachsen von lichtbedürftigeren Pflanzen. An einigen Stellen haben sich Himbeerbestände und einzelne Gebüsche gebildet. Die Hochfläche wird teilweise zur Heugewinnung gemäht.

Von den Sommermonaten an weiden ca. 500 Schafe in Hütehaltung mehrmals mehrere Wochen lang den Aufwuchs auf den Magerrasen ab. Um ei-

Teilflächen der Magerrasenhänge werden von einer Mischherde aus Heidschnucken und Ziegen beweidet. Foto: Otto Reinhard

nen Nährstoffaustrag von den Flächen zu erzielen, wird die Herde außerhalb düngeempfindlicher Bereiche gepfercht. Zur Landschaftspflege an den Steilhängen und gehölzreichen Flächen werden

Zur Erhaltung der Magerrasen wurden Im Jahr 2009 an den Südhängen des Dörnbergs die Gebüschbestände entfernt und nur einzelne Wacholder belassen.

weiterhin über 200 Tiere, Ziegen und eine Mischherde aus Ziegen und Heidschnucken, in mobilen Koppeln gehalten. Ziegen verbeißen vor allem die Gehölze, während Schafe überwiegend Gräser und Kräuter abweiden. Maschinell werden größere Bereiche in mehrjährigem Turnus von Büschen befreit und Grasfilz und aufkommender Gehölzjungwuchs mit Schlegelmähern abgemäht.

Rund um das Dörnberggebiet liegen landwirtschaftlich genutzte Flächen, die zu großen Teilen aus Grünland bestehen und in den Talgründen z. B. in den Kümmelwiesen und Höllwiesen in der Gemarkung Weimar weit in bewaldete Bereiche hineinragen.

Waldbestände im Dörnberggebiet

Der obere Bereich des Hohen Dörnbergs trägt teilweise einen Wald mit knorrigen, krummwüchsigen Buchen und einem hohen Totholzanteil. Seine forstliche Nutzung liegt an der Grenze der Rentabilität (Grenzwirtschaftswald). Hier befindet sich die Vegetation des „Waldmeister-Buchen-Waldes". Auf dem mit Basaltblöcken durchsetzten Untergrund des oberen Südhanges wächst unter Hangmischwald das Ausdauernde Silberblatt (Lunaria rediviva). Einzelne durch eine Pilzkrankheit abgestorbene Alt-Ulmen gehören zum natürlichen Bewuchs dieses Standorts. Eine aufkommende Verjüngung lässt auf eine neue Generation Ulmen hoffen. Die unteren, südexponierten Hangbereiche werden vom „Orchideen-Buchen-Wald" eingenommen, in denen Waldorchideen heimisch sind. „Auenwald" mit Erlen ist nur kleinflächig am Südhang des Dörnbergs an Stellen mit quelligem Grundwasseraustritt vorhanden. Ein Aufstieg durch den Wald von Dörnberg oder auf halber Höhe von Friedrichstein aus bietet dem Wanderer interessante Walderlebnisse.

Auch die übrigen Waldflächen an den Ostabhängen des Dörnberggebietes wie Postenberg, Hangarstein, Schieferstein, Südler, Hölle und die Hänge des Hohlesteins bestehen aus Laubwald, in den etwas Nadelholz eingestreut ist.

Weideflächen und Segelflugplatz

Das eingezäunte Grünland zwischen Hohem Dörnberg, Helfensteinen, Kessel und Straße zum Naturparkzentrum Habichtswald wird als Weidefläche für Rinder, Segelfluggelände und Wandergebiet genutzt. Beim Blick vom Hohen Dörnberg auf diese Flächen fallen die rechteckigen, dunkelgrünen Bereiche auf, die die kurzrasigen Start- und Landebahnen für den Segelflugbetrieb aufgesucht, da hier nach dem Rasenschnitt jeweils frisches Grün aufwächst. Die weitaus größten Flächen sind extensiv genutztes Grasland, das hier nicht vollständig kurz abgeweidet wird. Die Rinder fressen selektiv die ihnen zusagenden Gräser und Kräuter. Da im Frühsommer mehr aufwächst als abgefressen wird, können Gräser und Kräuter Samen bilden. Durch die

Solange die Gehölzaustriebe noch vom Maul der Rinder erreicht werden, kürzen sie die Ästchen ein.

Nur im unteren Bereich werden die Jungtriebe der Gehölze noch befressen. In der Höhe entwickelt sich eine in die Breite gehende Krone, die einem Pilzhut ähnelt.

kennzeichnen. Graswege führen zu verschiedenen Punkten in oder außerhalb des Grünlandes. Einige sind Wanderwege, die über das Grünland führen und mit Drehkreuzen die Zaunbegrenzungen durchlässig machen. Andere Wegetrassen sind durch die Fahrzeuge für den Segelflugbetrieb und für Kontroll- und Betreuungsfahrten der Landwirte zu den Weidetieren entstanden. Die Start- und Landebahnen werden von den Rindern gern Weitläufigkeit des Geländes ziehen die Rinder in Gruppen von einem Weideplatz zum anderen. Regelmäßig suchen sie auf schmalen, von ihnen ausgetretenen Pfaden, in langen Reihen hintereinander gehend, die Tränkestellen auf. Die Höhen am Kessel und den Helfensteinen werden bei starker Hitze aufgesucht, da der Wind hier Abkühlung bringen kann und lästige Insekten vertreibt. Bei kalter und nasser Witterung dienen windabgewandte

Standorte dem Schutz. Eine besondere Bedeutung haben die Gebüschbereiche. Durch sie führen teilweise tunnelartige, schmale Gänge. Hier schützen sich die Rinder vor Insekten, starker Sonneneinstrahlung sowie Wind und Regen und pflegen ihr Fell durch Scheuern an einzelnen Stämmen älterer Gebüsche. Rinder sind keineswegs nur Grasfresser. Das zeigen die sogenannten „Kuhbüsche", das sind im Maulbereich der Tiere wie mit einer Heckenschere geschnittene Büsche, meist Weiß- oder Schwarzdorn. Der jährliche Zuwachs wird von den Rindern eingekürzt. Erst nach mehreren Jahren wird die Mitte des Gebüsches nicht mehr erreicht, und der Busch breitet sich hutpilzartig darüber aus.

An den Nordwesthängen ist im Frühjahr das Wiesen-Schaumkraut mit rosa-weißen Blüten aspektbildend. Anschließend färbt der Große Sauerampfer größere Flächen rötlich. Überwiegend ist das Grasland der „Rotschwingel-Straußgras-Gesellschaft" zuzuordnen, die im Spätsommer an ihrem rötlichen Schleier zu erkennen ist. Gelbe Farbtupfer werden vom Echten Labkraut gebildet. Der mehrmalige Rasenschnitt auf den Segelflugbahnen sowie intensive Fress- und Trittstellen von Menschen und Tieren hat die Arten der „Kammgras-Weiderasen" gefördert, in denen Ausdauerndes Weidelgras und Wiesen-Kammgras dominieren. Lückige, nährstoffarme Bereiche der Grasnarbe werden vom Kleinen Klappertopf besiedelt, der Teilflächen zwischen Fliegerlager und Wichtelkirche im Juni

Der einjährige Kleine Klappertopf ist ein Halbparasit vor allem auf Gräsern.
Zur Fruchtreife ist der Kelch aufgeblasen und die reifen Samen in ihm rascheln („klappern") bei Erschütterung.
Foto: Otto Reinhard

mit einem bronzefarbenen Schimmer überzieht.

Die Hänge an den Felsen und Kuppen sind durch flachgründige Böden weniger wuchskräftig und tragen durch kleinräumig wechselnde Standortsverhältnisse eine größere Artenvielfalt. Sie weisen Arten der „Magerrasen basisch bis saurer Böden" auf wie Acker-Hornkraut, Knöllchen-Steinbrech,

Graugrüner und Berg-Frauenmantel sowie Heide-Nelke. Auffallend sind kleine Flächen mit Heidekraut unterhalb der Helfensteine und am Felskopf südlich des Kessels. Das Verbeißen der Jungtriebe durch die Rinder erzeugt einen extrem niedrigen Wuchs, trägt aber zum Verjüngen der Pflanzen bei. Die Vegetation der Felskuppen ist sowohl durch den Tritt der Tiere als auch Besucher fragmentarisch mit anspruchslosen Arten der „Felsgrus- und Felsband-Gesellschaften" wie Mauerpfeffer, Knäuel, Sand- und Hügel-Vergissmeinnicht bewachsen.

Nur kleinflächig ausgebildet sind Bereiche mit Besenheide. Sie zeigt nährstoff- und basenarme, saure Böden an und ist am Dörnberg auf steinigem Untergrund z. B. an den Helfensteinen anzutreffen, vereinzelt aber auch in den Magerrasen.

Die Kalk-Halbtrockenrasen im Jahreslauf

Die Pflanzenwelt der Halbtrockenrasen besteht aus Gräsern, Kräutern, Sträuchern, Moosen und Flechten. Im Frühjahr wirken die Hänge wegen der abgestorbenen oberirdischen Pflanzenteile von weitem grau bis braun, während das Grünland im Tal bereits saftig grün erscheint. Jedoch können sich Besucher bereits im April an den ersten Blüten erfreuen: das Raue Veilchen entfaltet seine hellblauen Blüten, und die Echte Schlüsselblume bildet mit dem Frühlings-Fingerkraut den ersten gelben Blühaspekt. Ende April beginnt die Blüte des Stattlichen Knabenkrauts, das um Himmelfahrt seinen Höhepunkt mit Tausenden von purpurroten Blütenähren hat. Einen Kontrast hierzu bilden die weißen Blütensterne des Großen Windröschens. Mit lila-blauen Glocken schmückt die Küchenschelle einige schuttreiche Hangrippen. Sie ist vermutlich in den letzten Jahrzehnten eingebracht worden.

Gelb übersät mit unzähligen Blüten der Echten Schlüsselblume präsentieren sich die Hänge der Magerrasen im April.

Bei zunehmender Wärme und längeren Tageszeiten entfalten von Woche zu Woche weitere Pflanzen ihre Blüten. Unter ihnen begegnet man seltenen Arten, die botanische Kostbarkeiten darstellen wie Fliegen-Ragwurz und Mücken-Händelwurz. Auch im Sommer, wenn die Frühblüher bereits Samen tragen und erzeugte Nährstoffe, vor allem Stärke, in die unterirdischen Teile einlagern, schaffen es Pflanzen mit tief in den Boden reichendem Wurzelwerk Feuchtigkeit und Mineralstoffe aufzunehmen und zum Blühen zu kommen wie Wilde Möhre, Hornklee, Große Braunelle, Knäuel-Glockenblume und Thymian. Im Spätsommer bis Herbst entwickelt sich nach Niederschlägen eine weitere Blühwelle, deren Farbpalette von Rosa über Blau bis Violett dominiert: Wiesen- und Skabiosen-Flockenblume, Tauben-Skabiose, Hauhechel, Stängellose Kratzdistel sowie Deutscher und Gewöhnlicher Fransenenzian. (siehe Blühkalender Seite 91)

Anpassung von Pflanzen an die Lebensbedingungen in Kalk-Halbtrockenrasen

Die Kalk-Halbtrockenrasen setzen sich aus einer Pflanzendecke zusammen, die gegenüber der Vegetation im Wald sehr lichtverträglich oder auch lichtbedürftig ist und große Temperaturunterschiede und Beweidung verträgt. Die Kalk-Halbtrockenrasen, die wegen des geringen Aufwuchses gegenüber Wiesen als landwirtschaftlich unbedeutend eingestuft sind, werden auch Magerrasen genannt. Die Magerrasen auf kalkhaltigen Böden gehören in Deutschland zu den artenreichsten Pflanzengesellschaften (auf wenigen Quadratmetern bis zu 50 Pflanzenarten). Die flachgründigen, oft steinigen Böden und meist hängigen Standorte lassen nur einen Pflanzenwuchs zu, der an extreme Bedingungen angepasst ist. Er setzt sich aus Pflanzen zusammen, die mit geringen Bodenwasservorräten auskommen und große Temperaturunterschiede ertragen können. Das Wurzelsystem vieler Arten ist oft um ein Vielfaches an Pflanzenmasse höher als der oberirdische Teil. Ein weit verzweigtes Wurzelwerk, das bis in große Tiefe vordringt, selbst in Gesteinsspalten, ermöglicht eine ausreichende Wasser- und Mineralstoffversorgung. Die oberirdischen Pflanzenteile sind auf unterschiedliche Weise vor zuviel Wasserabgabe durch Verdunstung und Schäden durch intensive Sonneneinstrahlung geschützt. Anpassungen sind:
- ledrige Blätter wie beim Sonnenröschen,
- besonders kleine Blätter wie beim Feld-Thymian,
- verschließbare Spaltöffnungen auf der Unterseite der Blätter wie beim Sonnenröschen,

- eingerollte Blattränder, die die Oberfläche verkleinern, wie bei den Schaf-Schwingel-Arten und dem Berg-Gamander,
- Haarbildung, die die Pflanze filzig erscheinen lässt, wie beim Kleinen Habichtskraut und Gewöhnlichen Katzenpfötchen,
- Verholzen der Stängel wie beim Frühlings-Fingerkraut und Thymian.
- starke Fiederung der Blätter wie beim Kleinen Wiesenknopf, der Wilden Möhre und der Kleinen Bibernelle.

Der würzig duftende Feld-Thymian wächst sowohl im Bereich der Basaltfelsen als auch in den Kalk-Magerrasen.

Andere Arten nutzen das zeitige Frühjahr zur Blütenbildung und haben ihre Entwicklung schon abgeschlossen, wenn die Wasserversorgung geringer wird und Trockenperioden das Wachstum einschränken. Zu diesen Arten gehören Wiesen-Schlüsselblume, Großes Windröschen, Stattliches Knabenkraut und Fliegen-Ragwurz. Die beiden zuletzt genannten Arten bilden wie die anderen Orchideen Speicherorgane in Form von einer oder mehreren Knollen aus,

die Reservestoffe speichern. Aus diesen Knollen treibt im folgenden Jahr eine neue Pflanze aus. Spezielle Herbstblüher sind Enziane, Flockenblumen, Acker-Witwenblume und Tauben-Skabiose. Neben Knollen oder Zwiebelbildung wie beim Lauch gibt es auch die Bildung von Speicherwurzeln wie bei der Wilden Möhre.

Da die Magerrasen seit Jahrhunderten als Hute oder Weide dienten, haben sich hier besonders Pflanzen durchsetzen können, die vor Verbiss geschützt sind und dem Tritt des Weideviehs standhalten können. Schutz vor Verbiss bieten entweder Dornen wie bei Schlehe, Weißdorn, Gewöhnlicher Berberitze und Dorniger Hauhechel oder Stacheln wie bei Rosen und Disteln. Spitze Nadeln schützen den Wacholder und dichter Haarwuchs wie bei den Königskerzen machen die Pflanzen bei den Tieren unbeliebt. Ein starker Geruch, wie ihn z. B. Feld-Steinquendel oder Dost abgeben, schützt vor dem Gefressenwerden. Auch Bitterstoffe, wie sie in Enzianarten vorkommen, wirken als Schutz. Rosettenpflanzen bleiben durch ihren an den Boden anliegenden Wuchs weitgehend vor dem Abbeißen oder Abrupfen durch das Vieh verschont, wie Mittlerer Wegerich, Heide-Löwenzahn und Kleines Habichtskraut. Auch eine gute Verankerung im Boden schützt vor dem Ausreißen. Viele Pflanzen werden nur zu Beginn der Vegetationszeit, wenn sie noch zart und jung sind, gefressen, später sind sie hart und zäh; dies trifft für viele Grasarten zu. Derbe Blattstrukturen halten am besten dem Tritt der Weidetiere und auch dem der Menschen stand. Beispiele hierfür sind Wegericharten, Gemeines Katzenpfötchen und Stängellose Kratzdistel.

Typisch für die Kalk-Halbtrockenrasen sind Pflanzenarten, die ihren Hauptverbreitungsschwerpunkt im submediterranen oder südöstlich liegenden kontinentalen Raum haben. Sie gehören zu den Wärme liebenden und Trockenheit ertragenden Pflanzen, die meist mit den oben genannten Schutzmechanismen ausgestattet sind.

Eine Düngung der Magerrasen würde konkurrenzstarke Arten mit üppigerem, dichtem Wuchs begünstigen und die konkurrenzschwächeren, typischen Arten verdrängen. An den Hängen des Dörnbergs wurde kein Dünger ausgebracht, jedoch führt auch der durch die Luft eingetragene Stickstoff zu einer Nährstoffanreicherung, die einen üppigeren Aufwuchs bewirkt. Dieser und eine zu geringe Beweidungsintensität bewirken eine Zunahme der konkurrenzstarken Fieder-Zwenke, einer Grasart, die dichte Matten aus abgestorbenem Gras bildet und niedrigwüchsige Arten verdrängt und ein Keimen von Jungpflanzen verhindert. Auch die Gehölze profitieren durch Nährstoffeintrag. Ein Regulieren des Aufwuchses durch Beweiden, Mähen und Entnehmen von Gehölzen ist deshalb zur Erhaltung der typischen Flora der Licht bedürftigen Kalk-Magerrasen notwendig.

Kurzporträts von Pflanzen

Bei botanischen Erfassungen zum Natura 2000-Gebiet „Dörnberg, Immelburg und Helfenstein" wurden in den Jahren 2003 und 2004 über 500 Farn- und Blütenpflanzen erfasst. Im Folgenden werden Arten vorgestellt, die typisch sind und/oder Besonderheiten darstellen. Ihre Reihenfolge versucht, die Blühzeiten im Jahreslauf und ihre Zugehörigkeit zu Familien zu berücksichtigen. Ein alphabetisches Register der vorgestellten Arten bzw. Gattungen, Familien, Ordnungen ist auf Seite 90. Auf den Seiten 91 bis 93 befindet sich ein Blühkalender typischer Arten der Halbtrockenrasen am Dörnberg.

Veilchen (*Viola*)

Raues Veilchen (*Viola hirta*). Keine oberirdischen Ausläufer wie **März-Veilchen** (*Viola odorata*), kein Duft! Blätter stark behaart, Blattgrund breite Bucht. Häufig in den Magerrasen am Rand der Gebüsche. **Hunds-Veilchen** (*Viola canina*) ohne Grundblätter, Sporn gelblich-grün. Auf Silkat-Magerrasen z. B. am Kessel. Das **Rivins-Veilchen** oder **Hain-Veilchen** (*Viola riviniana*) ist unbehaart, hat einen weißen Blütensporn, der am Ende eingekerbt ist. Die Blätter sind breit, herz-, fast nierenförmig. Ähnlich ist das **Wald-Veilchen** (*Viola reichenbachiana*) mit violettem Sporn, der nicht ausgerandet ist. Das Blatt ist herz-eiförmig und meist zugespitzt. **Wildes Stiefmütterchen** (*Viola tricolor*). Größtes heimisches Stiefmütterchen, weiß-gelbblaue Blüten; selten; Helfensteine, Burghasunger Berg. **Acker-Stiefmütterchen** (*Viola arvensis*) mit kleinen Blüten wächst auf Feldern.

Schlüsselblume (*Primula*)

Die Blühzeit der **Echten Schlüsselblume** (*Primula veris*), auch Wiesen- oder Arznei-Schlüsselblume genannt, beginnt im April. Einige Flächen sehen dann von weitem gelb gefärbt aus. Die Blüten sind dunkel gelb (dottergelb), die Blütenblätter haben dunkel-orangefarbene Bereiche vor dem Schlund. Der Blütenkelch ist glockig und nach der Blüte hell-gelbgrün, nicht grün. Wuchsorte sind magere Standorte mit basenreichen Böden. Durch diese Merkmale unterscheidet sie sich von der **Hohen Schlüsselblume** (*Primula elatior*), auch Wald- oder Große Schlüsselblume genannt. Diese hat größere, hellgelbe Blüten und einen anliegenden Kelch mit grüner Mittelrippe. Sie wächst bevorzug im Wald und auch auf feuchten Böden, die neutral bis mäßig sauer sind. Die Echte Schlüsselblume ist eine Heilpflanze, medizinisch wird sie gegen Husten angewendet. Volksglauben: Wenn den Personen, die Schlüsselblumen suchten eine Frauengestalt erschien, die Schlüsseljungfrau, wurde den in ihrer Gegenwart gepflückten Pflanzen die Kraft verliehen, geheime Schätze zu erschließen. (Sage: Ein Schäfer wird von einer Jungfrau zu einem Schlüsselblumenplatz geführt.

Sie öffnet eine Tür in den Berg mit einer Schlüsselblume; der Schäfer findet Schafzähne, von denen er eine Handvoll nach Aufforderung einsteckt. Diese verwandeln sich in der Nacht in Gold. Da er aber vergessen hatte, die Schlüsselblume mitzunehmen, blieb die Tür für ihn verschlossen und er konnte keinen Nachschub holen.)

Schlüsselblumen läuten das Frühjahr ein und bilden weithin sichtbare Massenbestände.

Orchideen (*Orchidaceae*) auf den Magerrasen des NSG Dörnberg

Alle Orchideen sind nach der EG-Artenschutz-Verordnung besonders geschützt. Man darf sie also nicht ausgraben, abpflücken oder beschädigen.

Orchideen bilden sehr viele winzig kleine Samen ohne Nährgewebe. Die Samen können deshalb nur auskeimen und eine Keimpflanze bilden, wenn sie im Boden einen bestimmten Pilz finden, aus dessen Fäden sie Nährstoffe (Zucker, Aminosäuren u. a.) beziehen, bis der Orchideenkeimling selbst in grünen Blättern durch Fotosynthese aus Kohlendioxid und Wasser erste

Nährstoffe (Zucker, Stärke) bilden kann.

Der Blütenstaub (Pollen) befindet sich bei Orchideen in zwei kolbenförmigen Pollinien, die unten eine Klebscheibe besitzen. Wenn sich Insekten, durch den Blütenduft angelockt, auf die Blütenlippe setzen, stoßen sie mit dem Kopf an die Klebscheiben und ziehen damit die Pollinien aus der Blüte. Wenn das Insekt zur nächsten Orchidee derselben Art fliegt, gelangen dort die Pollinien auf die Narbe der Blüte, so dass eine Bestäubung erfolgt.

Stattliches Knabenkraut (*Orchis mascula*), auch Kuckucksblume oder Manns-Knabenkraut genannt. Blätter kräftig grün, oft gefleckt oder rotbraun bestäubt wirkend, die oberen die Blütenknospe umhüllend, Stängel sich streckend. Blütenfarbe sehr variabel: fleischrot, rosa, weiß. Der zylindrische Sporn dick zylindrisch. zwei Knollen: eine vorjährig, aus der die Nährstoffe zur jetzigen Blüte entzogen werden, daneben sich neu bildende junge als Speicher für das nächste Jahr. Sie ist die häufigste Orchidee des Dörnbergs.

Fliegen-Ragwurz (*Ophrys insectifera*). An einem relativ langen Stängel blühen nacheinander zahlreiche kleine Blüten auf, die einem Insekt ähnlich sehen. Die zwei oberen Kronblätter (Petalen) sehen wie Insektenfühler aus, das untere, zur Lippe geformte, ist meist dunkelbraun mit einer samtigen Behaarung und einem zentral gelegenen bläulich, manchmal auch rosa gefärbtem Mal. Bestäubende Insekten

Das Stattliche Knabenkraut ist durch sein Massenvorkommen die bekannteste Orchidee am Dörnberg. Die häufigste Blütenfarbe ist hell- bis purpurrot.

Selten sind einzelne Pflanzen des Stattlichen Knabenkrauts mit weißen oder rosa Blüten zu entdecken.

sind vor allem Grabwespenmännchen, die durch das insektenähnliche Aussehen der Blüte, bei der sie ein Weibchen vermuten, getäuscht werden (Sexual-Täuschblume). Vorkommen am Dörnberg jährlich zu mehreren Tausend.

Bienen-Ragwurz (*Ophrys apifera*). Kelchblätter sind rosarot, das mittlere aufrecht, die seitlichen stehen nach unten. Die große Lippe ist oberwärts randlich behaart (samtartig aussehend), braunrot mit orangefarbenem Basalfeld das von einer gelblich-weißen Doppellinie umrahmt wird. Sie ist am Dörnberg selten und kommt in manchen Jahren nicht zur Blüte.

Die Fliegen-Ragwurz trägt einen treffenden Namen, der die Gestalt der Blüte beschreibt. Das vom Imitat getäuschte Grabwespenmännchen führt die Bestäubung aus, findet aber keinen Nektar vor.

Drei rosa gefärbte äußere Blütenblätter und eine wie ein Insekt geformte und gefärbte Lippe begeistern die Finder der Bienen-Ragwurz. Aktuell breitet sie sich nach Norden in geeigneten Biotopen aus.

Mücken-Händelwurz (*Gymnadenia conopsea*). An schmalen, langen Blättern schon vor der Blüte zu erkennen. Blüten klein, rosa, mit sehr langem Sporn. An den Unterhängen häufiger, z. B. am Jägerpfad. Sie blüht erst nach dem Stattlichen Knabenkraut.

der sich nach unten verbreitert und zur Seite weisende Endlappen trägt, und zwei schmalen Seitenlappen. Der Mittellappen ist mit behaarten, dunklen Papillen besetzt. Das Helm-Knabenkraut kann auch in rein weißer Blütenfarbe auftreten. Im letzten Jahrzehnt hat sich am Dörnberg der zunächst kleine Bestand vergrößert.

Zart- bis dunkelrosa sind die zierlichen Blüten der Mücken-Händelwurz. Im langen, dünnen Sporn ist Nektar, der Insekten anlockt. Sie besorgen die Bestäubung.

Das Helm-Knabenkraut ist eine seltene Orchidee am Dörnberg.

Helm-Knabenkraut (*Orchis militaris*). Blütenstand dicht, breit ausladend und mit zahlreichen Blüten. Die äußeren weißlich-rosa Blütenblätter sind zu einem Helm zusammengezogen, der innen violett gestreift ist. Die Blütenlippe besteht aus einem Mittellappen,

Dreizähniges Knabenkraut (*Orchis tridentata*). Blütenstand ist kugelförmig, die Kelch- und Kronblätter bilden einen Helm, wobei die drei längeren Kelchblätter (Sepalen) etwas nach außen gebogen sind und damit drei Spitzen bilden. Am Dörnberg kommt es in geringer Zahl oberhalb des Ortes Dörnberg vor; größere Vorkommen sind an den Diemelhängen.

Rotbraune Ständelwurz (*Epipactis atrorubens*, = R. Sumpfwurz). Blütenstand einseitswendig; Blüten rot-violett-braun. Stängel oft rötlich überlaufen. Am Dörnberg vereinzelt.

Eirundes Zweiblatt (*Listera ovata*). Blütenstängel mit grünlich gelben Blüten, im Saum von Gehölzen und an frischeren Standorten wachsend; nicht an Kalk gebunden. Am Dörnberg zahlreich.

Ohnsporn, Puppenorchis (*Aceras anthropophorum*). Blüten grünlich-gelb mit roten Streifen. Puppenartig. Am Dörnberg sehr selten.

Wie kleine Puppen mit großem Kopf sehen die zahlreich an einem Stängel hängenden Blüten der Puppen-Orchis aus. Da sie keinen Sporn hat, wird sie auch Ohnsporn genannt.

Weißes Waldvöglein (*Cephalanthera damasonium*). Schattpflanze, im Wald wachsend. Große weiße Blüten. Lippe innen gelblich. Öffnet sich nur bei günstigem Wetter.

Berg-Waldhyazinthe (*Platanthera chlorantha*). Zwei grundständige lang-ovale Blätter. Stängel mit locker stehenden, weißen Blüten. Am Dörnberg selten.

Gefecktes Knabenkraut (*Dacthylorhiza maculata*). Lippe mit kontrastreichen, dunkel rotvioletten Schleifen und Strichen, Sporn zylindrisch, zum Ende dünner werdend. Am Dörnberg sehr selten.

Weitere Orchideen im FFH-Gebiet und seinem Umfeld

Rotes Waldvöglein (*Cephalanthera rubra*). Buchenwald auf Kalk.

Purpur-Knabenkraut (*Orchis purpurea*). Buchenwald, Waldrand; breite, glänzende Blätter, dunkel-violette Blüten. Einzelne Pflanzen bis 80 cm hoch.

Vogel-Nestwurz (*Neottia nidus-avis*). Ohne Blattgrün, Mullwurzler mit Wurzelpilz; kommt im schattigen (Buchen-)Wald auf sonst fast vegetationsfreiem Boden mit Laubstreu vor.

Müllers Ständelwurz (*Epipactis muelleri*). Blätter am Rand gewellt, Blüte gelbgrün, Spitze der Lippe zurückgeschlagen. Waldstandorte.

Schmallippige Ständelwurz (*Epipactis leptochila*). Blüte hellgrün, Lippe läuft in lange, schmale Spitze aus. Waldstandorte.

Netzblatt (*Goodyera repens*). Durch Kiefernsaat eingeschleppt. Auch bei Wolfhagen. 2003/2004 im NSG Dörnberg nicht mehr aufgefunden, aber weiterhin im nördlich angrenzenden FFH-Gebiet vorkommend.

Frauenschuh (*Cypripedium calceolus*). Meist im Wald oder am Rand von Gehölzen. Streng geschützt! Nicht im NSG oder FFH-Gebiet vorkommend, aber im Dörnberggebiet.

Fingerkraut (*Potentilla*)
Frühlings-Fingerkraut (*Potentilla tabernaemontani*). Rosengewächs, Blattform handförmig! Blühzeit ab dem zeitigen Frühjahr; fünf Blütenblätter. Verwandte ist die **Blutwurz** (*Potentilla erecta*), die auf sauren Standorten oft zusammen mit Heidekraut wächst und nur vier Blütenblätter hat. Auf den Felsköpfen wächst das **Silber-Fingerkraut** (*Potentilla argentea*) mit silbrig behaarten Blättern und Stängeln.

Steinbrech (*Saxifraga*)
An den Hängen des Kessels und besonders an den Felskanten wächst der **Knöllchen-Steinbrech** (*Saxifraga granulata*). Bereits im Frühjahr blühend. Seinen Namen trägt er von den knöllchenartigen Speicherorganen an den Wurzeln, die das frühe Austreiben und Blühen ermöglichen.

Katzenpfötchen (*Antennaria dioica*): Oberirdische Ausläufer, angepasst an Verdunstung mit silbrig-haarigen, schmalen Blättern. Sie sind dicht an den Boden angedrückt. Pflanze wird vom Biss der Tiere kaum erreicht, trittfest; männliche und weibliche Pflanzen. Da die Blüten getrocknet dauerhaft sind, zählt das Katzenpfötchen zu den Immortellen, den Unsterblichen. Kränzchen aus Immortellen dienten früher als Grabbeigaben. Geschützt nach der Bundesartenschutzverordnung, in Hessen stark gefährdet.

Hahnenfußgewächse (*Ranunculaceae*)
Die **Gewöhnliche Küchenschelle** blüht bereits im April auf den Hangrippen des NSG.

Das Frühlings-Fingerkraut ist eine häufige Pflanze am Dörnberg, die mit rasigem Wuchs vegetationsarme Standorte besiedelt.

Ein Neubürger auf den mageren Hangrippen ist die bereits im April blühende Küchenschelle.

Windröschen: Großes Windröschen (*Anemone sylvestris*) mit einer auffallend großen, weißen Blüte, die sich im Mai entfaltet. Die Samen mit weißen „Wolleanhängseln" werden durch Wind ausgebreitet. In Deutschland ist es recht selten, tritt aber gesellig auf. Am Dörnberg besteht ein großes Vorkommen. In den umliegenden Waldungen wächst das wesentlich kleinere **Busch-Windröschen** (*Anemone nemorosa*), dessen weiße Blüten oft rötlich überlaufen sind. Die Samen werden hauptsächlich durch Ameisen verbreitet.

Fruchtstand 3 bis 5 cm lange schlanke Ähre (mäuseschwanzähnlich); Feuchte- und Nährstoffzeiger an Störstellen; am Dörnberg an Viehtränken und auf den Pfaden zu ihnen.

Akelei: Im Bereich des Alpenpfades blüht die Gewöhnliche Akelei (*Aquilegia vulgaris*) in mehreren Farbvarianten. Sie wurde vermutlich eingebracht.

Im Mai entfalten sich die großen, wie edles weißes Porzellan anmutenden Blüten des Großen Windröschens.

Die Blüten des Mäuseschwänzchens sind unscheinbar, der Fruchtstand bildet eine auffallend lange, mäuseschwanzähnliche Ähre.

Knollen-Hahnenfuß (*Ranunculus bulbosus*) mit gelben Blüten ist typisch für Magerrasen. Stängel am Grund knollig; Kelchblätter zurückgeschlagen.

Mäuseschwänzchen (*Myosurus minimus*), nur bis 10 cm hoch werdend, Blätter schmal lineal in Rosette,

Frauenmantel (*Alechemilla*)
Graugrüner Frauenmantel (*Alchemilla glaucescens*). Häufigste Frauenmantelart auf den Kalk-Halbtrockenrasen. Weitere vier Arten wurden am Dörnberg nachgewiesen. Bucht der Grundblätter des Graugrünen Frauenmantels ist (fast) geschlossen. Behaarung und Zähnung und Tiefe der Blatteinschnitte dienen der Unterscheidung der Arten. Auffallend sind nach feuchten Nächten die sich im Blatt sammelnden Tropfen. Neben Tau sind es Guttationstropfen, diese werden von den Wasserzellen

ausgeschieden, wenn keine Verdunstung möglich ist. Diesem sog. „Himmelstau" wurden besondere Kräfte zugeschrieben. Auch die Alchemisten sammelten ihn. Frauenmantel ist eine alte Heilpflanze zur Wundbehandlung, gegen Frauenleiden, Entzündungen, Fieber u. a.

Kleiner Wiesenknopf (*Sanguisorba minor*) wird von Schafen gern gefressen. Er dient als Suppen- und Salatkraut (Pimpernelle). Die anfangs grünen, später rötlichen Blüten stehen in Köpfen: untere männlich, mittlere zwittrig, obere rein weiblich, Windbestäubung. Er wird als Rohbodenpionier bezeichnet, da er einer der ersten Besiedler von offenen, mageren, besonnten Böden ist. In den Kalk-Halbtrockenrasen an allen Hängen, auch im Gesteinschutt wachsend.

Wein-Raute (*Ruta graveolens*): Eine Besonderheit im NSG ist das Vorkommen der Wein-Raute, einer alten Garten-, Gewürz- und Heilpflanze. Sie ist ursprünglich eine südosteuropäische Pflanze, die auf trockenen, steinigen, kalkhaltigen Böden in warmen Lagen vorkommt.

Ehrenpreis (*Veronica*)

Großer Ehrenpreis (*Veronica teucrium*). Zahlreiche hellblaue Blüten in dichter, langer Traube, Stängel angedeutet zweizeilig behaart, Blätter eiförmig-lanzettlich gesägt-gezähnt. In den Magerrasen typisch. Ehrenpreisarten gehören zu den Braunwurzgewächsen (Scrophulariaceae). Eine weitere Ehrenpreisart im Gebiet ist der **Gamander-Ehrenpreis** (*Veronica chamaedrys*) mit ei-herzförmigen Blättern. Blüten himmelblau in kurzen Trauben.

Die Wein-Raute ist eine aromatisch duftende Pflanze mit mehrfach gefiederten Blättern. Das Foto zeigt die typische, holzige Verzweigung im unteren Teil.

Farbspiel zwischen blau und gelb: Großer Ehrenpreis und Hufeisenklee.

Schmetterlingsblütler (Fabaceae = Papilionaceae)

Dornige Hauhechel (*Ononis spinosa*), dorniger Stängel verholzend mit ein bis drei rosa Blüten in den Blattachseln, Fiederblättchen länglich. Weideunkraut, in Magerrasen häufig.

Kriechende Hauhechel (*Ononis repens*), Blüten meist einzeln, Fiederblättchen oben meist abgerundet oder ausgerandet, niederliegend aufsteigend, nicht verholzend.

Hufeisenklee (*Hippocrepis comosa*), gelbe Polster. Charakterart der Kalk-Magerrasen. Name von hufeisenförmigen Hülsengliedern. Blätter mit 11 bis 15 Blättchen im Gegensatz zum ähnlich blühenden **Hornklee** (*Lotus corniculatus*), der dreiblättrig mit zwei Nebenblättern ist (dadurch scheinbar 5-teilig).

Die Blütendolde des Hufeisenklees ist 5 bis 12-blütig. Die Samenschoten sind in hufeisenförmige Segmente gegliedert.

Berg-Klee (*Trifolium montanum*), weiß blühend, Pflanze aufrecht-aufsteigend nicht kriechend wie Weiß-Klee.

Wegerich (*Plantago*)

Mittlerer Wegerich (*Plantago media*), rosa-lilafarbener Blütenstand, Blätter eiförmig, dicht behaart, Blattrosette dem Boden anliegend; auf den Halbtrockenrasen und trockenen Wiesen häufig.

Spitz-Wegerich (*Plantago lanceolata*), schmale, lanzettliche Blätter und dunkle Blütenähren, länglich oder kugelig; in Wiesen und Weiden häufig.

Breit-Wegerich (*Plantago major*), breite Blätter, fünf bis neun nervig; auf Wegen, Trittstellen, Pflasterfugen, häufig. Wegerich ist eine Arzneipflanze: Hustensaft, Behandlung von Insektenstichen.

Doldengewächse (*Umbelliferae = Apiaceae*)

Wilde Möhre (*Daucus carota*) Vielstrahlige Dolde, zur Fruchtzeit ein Körbchen bildend, weiße Wurzel.

Wiesen-Kerbel (*Anthriscus sylvestris*) auf nährstoffreicheren Böden mehr in Plateaulagen.

Kleine Bibernelle = Pimpernelle (*Pimpinella saxifraga*), ein Doldengewächs wie Möhre, guter Futterwert, früher wurde die Wurzel zu Arzneizwecken verwandt. Möhre und Pimpernelle sind Futterpflanzen für die Raupen des Schwalbenschwanz-Schmetterlings.

Glockenblume (*Campanula*)

Rundblättrige Glockenblume (*Campanula rotundifolia*), 10 bis 30 cm hoch, rundliche Grundblätter sterben im Sommer ab, Stängelblätter schmallineal, Blütenglocken hellblau, einzeln hängend. Magerstandorte und Steinfugen.

Knäuel-Glockenblume (*Campanula glomerata*), 20 bis 40 cm hoch, Blüten in Büscheln, dunkelblau; Kalk-Magerrasen.

Rapunzel-Glockenblume (*Campanula rapunculus*), 30 bis 80 cm hoch, Blüten zahlreich in einer Rispe.

Pfirsichblättrige Glockenblume (*Campanula persicifolia*), 30 bis 80 cm hoch, große, weitglockige Blüten. In Kalk-Buchenwäldern und an Gebüschrändern oft anzutreffen, aber auch vereinzelt im Grünland am Kessel. Halbschattpflanze.

Bei der Knäuel-Glockenblume weisen die kräftig blauen Blütenglocken nach oben, während die zarten, hellblauen Blüten der Rundblättrigen Glockenblume nach unten hängen.

Lein (*Linum*)

Der **Lothringer Lein** (*Linum leonii*), die „blaue Blume des Dörnbergs", ist eine Besonderheit für Nordhessen. Zu den wenigen Standorten gehören Halbtrockenrasen bei Hofgeismar, Liebenau, Witzenhausen und Friedewald. Er kommt nur in Mitteleuropa in wärmebegünstigten Gebieten vor: um Metz und Verdun (Frankreich), in der Eifel, im Maingebiet, im südlichen Thüringer Becken und Südniedersachsen und im nordöstlichen Harzvorland. Wuchsorte sind gehölzfreie, kalkreiche, steinige Böden mit lückiger Vegetation. Er wurde erst 1961 für den Dörnberg (NIESCHALK, A. & CH. 1963) nachgewiesen. Sein Bestand hat in den letzten Jahrzehnten zugenommen. Mit etwa 30.000 Exemplaren besitzt der Lein eines der größten Vorkommen in Deutschland und das größte in Hessen. (GREGOR & BÖNSEL 2007). Gründe für die Ausbreitung sind vermutlich die Schafbeweidung, das Zurückdrängen der Gehölze durch Maschinen und die Besucher. Die Samen werden von Schafen an den Hufen, den Maschinen und von Menschen mit dem Schuhwerk verbreitet, aber auch Klimaänderungen können sich ausgewirkt haben (BÖNSEL & GREGOR 2007). Eine verwandte Art ist der **Schmalblättriger Lein** (*Linum tenuifolium*). Er wächst am Dörnberg nur am Südwesthang oberhalb der Bahntrasse. Beim Aufstieg vom Campingplatz zum Jägerpfad kann er zusammen mit dem Lothringer Lein bewundert werden. Er ist etwas höherwüchsig, seine Blütenfarbe ist blasslilarötlich. Als dritte Leinart kommt der **Purgier-Lein** (*Linum catharticum*), eine recht unscheinbare aber häufige Art mit winzigen, weißen Blüten, am Dörnberg vor.

Gamander (*Teucrium*)

Eine weitere Besonderheit ist der **Berg-Gamander** (*Teucrium montanum*), der wie der Lothringer Lein auf den warmen Hangrippen mit lückiger Vegetation anzutreffen ist. Er ist Besiedler von Trockenrasen und Felsen. Ledrige immergrüne Blätter, die an der Unterseite weißfilzig behaart sind, Spaltöffnungen, die bei Hitze verschlossen werden können, und nach unten eingerollte Blattränder, die die Blattoberfläche verkleinern, schützen ihn vor Austrocknung. Der Zwergstrauch breitet sich flach am Boden aus und schmückt sich in den Monaten Juli bis August mit blassgelben Blüten.

Zu den Besonderheiten im NSG gehört der seltene Lothringer Lein, der hier große Bestände bildet.

Der Lothringer Lein ist eine typische Pflanze trockener und magerer Standorte. Die Blätter sind zum Schutz vor Verdunstung nadelförmig ausgebildet.

Der Berg-Gamander kommt innerhalb Hessens nur im Landkreis Kassel vor. Er wurde hier schon in der ersten Hälfte des 20. Jahrhunderts nachgewiesen.

Sonnenröschen (*Helianthemum*)
Eine ähnliche Strategie gegen Verdunstung wie der Berg-Gamander hat das **Gewöhnliche Sonnenröschen** (*Helianthemum nummularium*), dessen Blüten dottergelb sind.

Erdbeere (*Fragaria*)
Wald-Erdbeere (*Fragaria vesca*), Kelchblätter von Frucht abstehend, beim Abpflücken bleiben die Kelchblätter am Stiel; Samen erhaben auf der Fruchtschale sitzend. Mittleres keilförmiges Teilblatt nur bis 1 mm lang gestielt. Blattzähne mit grün gesäumter schmaler rosa Wasserspalte. Lange Ausläufer mit Vorblättern in der Mitte der Ausläufer.

Knack-Erdbeere (*Fragaria viridis*), Kelchblätter an Frucht anliegend, beim Abpflücken der relativ harten Frucht bricht der Stiel mit einem knackenden Geräusch ab. Samen in Vertiefungen auf der Fruchtschale. Teilblätter gestielt. Blattzähne mit roter dreieckiger Wasserspalte. Mittelster Zahn eines Teilblattes kürzer als die beiden seitlichen. Ausläufer fehlend oder kurz. Die Erdbeerarten bilden Bastarde. Blätter und Blüten des **Erdbeer-Fingerkrauts** (*Potentilla sterilis*) sehen denen der Erdbeeren zum Verwechseln ähnlich. Die Blätter sind mit einem weißen Haarsaum umrandet, und es werden keine Früchte gebildet.

Löwenzahn (*Taraxacum, Leontodon*)
Schwielen-Löwenzahn (*Taraxacum laevigatum agg.*), Blätter dicht am Boden anliegend. Zähnung sehr feinzipfelig und tief eingeschnitten. Hüllblätter unter der Spitze mit einer Schwiele. Frucht oberwärts bestachelt, rot, braun oder strohfarben.

Rauer Löwenzahn (*Leontodon hispidus*), Blüten sattgelb, einköpfig, Blätter mit 2- bis 4-gabligen Haaren.

Herbst-Löwenzahn (*Leontodon autumnalis*), Stängel meist gablig verzweigt und mehrköpfig mit mehreren kleinen Blattschuppen.

Eberwurz (*Carlina*)
Golddistel = Kleine Eberwurz (*Carlina acaulis*), im Herbst Blattrosette für das nächste Jahr. Meist mehrköpfig. Blütenköpfe 2 bis 3 cm.

Silberdistel = Große Eberwurz = Wetterdistel (*Carlina vulgaris*), ausdauernd, Blütendurchmesser 5 bis 15 cm.

Knack-Erdbeere mit weißen Blüten, Hufeisenklee mit gelben Dolden und Kleiner Wiesenknopf mit gezähnten Fiederblättchen bilden einen niedrigen Pflanzenteppich.

Wie kleine Sonnen leuchten die Blütenköpfe der Golddistel im Spätsommer und Herbst.

Die Silberdistel ist eine Wetterkünderin: bei herannahendem Regen umhüllen die silbrigen, inneren Hüllblätter den Blütenkopf. Sie wird deshalb auch Wetterdistel genannt.

Distel (*Carduus*)
Nickende Distel (*Carduus nutans*), 30 bis 70 cm hoch mit großen, nickenden, lila Blütenköpfenn, auf den Weideflächen anzutreffen.

Kratzdistel (*Cirsium*)
Stängellose Kratzdistel (*Cirsium acaule*). Am Boden anliegend, Blüte lila. Auf den Weideflächen kommen **Acker-Kratzdistel** (*Cirsium arvense*) und **Gewöhnliche Kratzdistel** (*Cirsium vulgare*) vor.

Fransenenzian (*Gentianella*)
Die Fransenenziane haben ihre Blütezeit von August bis Oktober.
Deutscher Fransenenzian (*Gentianella germanica*), Blüten zu mehreren an einem Stängel, lila. **Gewöhnlicher Fransenenzian** (*Gentianella ciliata*), Blüten leuchtend blau, Blütenblätter am Rand gefranst. **Feld-Fransenenzian** (*Gentianella campestris*), nur vier Blütenblätter (vorige Arten meist fünf); Kelchblätter: zwei breit, zwei schmal und spitz (= ungleichzipflig), sehr selten, in früheren Jahren südlich des Kleiner Dörnbergs nachgewiesen.

Erst vom Spätsommer an bis in den Herbst können die blauen Blütensterne des Gewöhnlichen Fransenenzians in den Magerrasen entdeckt werden.

Eine seltene Begegnung: Deutscher Fransenenzian wird von einem Schwalbenschwanz aufgesucht.

Süßgräser (*Poaceae* = *Gramineae*)
Fieder-Zwenke (*Brachypodium pinnatum*), Problemgras, da zu Massenverbreitung neigend und dichte Auflagen bildend. Zeiger für zu geringe Beweidung. Unterirdische Ausläufer bildend wie Quecke. Farbe im Herbst rötlichbraun, im Frühjahr blass-strohgelb.

Zittergras (*Briza media*), rundlich-herzförmige, an dünnen Stielen hängende Ährchen.

Trift-Wiesenhafer (*Helicotrichon pratense*), Blätter rau, meist gefaltet, untere Rispenäste zu 1 bis 2 mit 1 bis 2 Ährchen, diese mit 4 bis 6 Grannen.

Flaumhafer (*Helicotrichon pubescens*), Blätter weich behaart, untere Rispenäste zu drei bis fünf Ährchen mit zwei bis drei Grannen. Er ähnelt dem ebenfalls vorkommendem **Glatt-Hafer** (*Arrhenatherum elatior*), der keine Behaarung an Blättern und Stängel hat.

Segge (*Carex*)
Zwei Seggenarten sind häufig, die **Frühlings-Segge** (*Carex caryophylla*) = Nelken-Segge und die **Blaugrüne Segge** (*Carex flacca*). Seggen haben gegenüber Grasarten keinen runden Stängel sondern einen dreikantigen Querschnitt.

Gehölze

Wacholder (*Juniperus communis*)
Die Wacholderbestände am Dörnberg gehören zu den größten in Hessen. Wacholder ist ein typisches Gehölz mit strauch- bis baumförmigem Wuchs auf lichten, steinigen Standorten und Magerrasen. Kein Wacholder gleicht dem anderen: da gibt es schmale, schlanke Säulen, kompakte, breite Büsche oder weit ausladende Formen. Der Wacholder ist ein Nadelgehölz mit extrem spitzen Nadeln. Sie hindern das Weidevieh daran, sie intensiv zu befressen, lediglich Ziegen beißen junge Triebe ab. Die männlichen Blüten bestehen aus winzigen Kätzchen, deren Blütenpollen vom Wind, oft wie Staubwolken anzusehen, zu den weiblichen Fruchtschuppen getragen werden. Sie befinden sich auf anderen Bäumen (zweihäusig). Erst im 2. Jahr sind die

Samen in kleinen, kugeligen, blau bereiften Beerenzapfen, den sogenannten Wacholderbeeren reif. Sie werden von Vögeln (Wacholderdrosseln) gefressen, und die ausgeschiedenen, unverdauten, harten Samen können an anderer Stelle keimen. Aber nicht nur die Vögel schätzen die Wacholderbeeren, auch der Mensch nutzt sie zum Würzen von Sauerkraut oder Braten. Eine weitere Verwendung ist die Herstellung von Wacholderschnaps (Steinhäger, Doornkaat, Gin, Genèvre). Die Zweige wurden früher zum Räuchern von Schinken genutzt, was vermutlich ein weiterer Grund für die Kahlheit des Dörnbergs war: bis in die 1950er Jahre wurden pro Schlachtschwein vier bis sechs Wacholderbüsche geschlagen. Das Harz diente früher als Weihrauchersatz. Mit dem Öl des Holzes wurden schmerzende Gelenke eingerieben. Ein aus den Beeren gewonnenes Heilmittel wirkt harntreibend.

Da der Wacholderbaum nur sehr langsam wächst, ist sein Holz sehr hart, die Jahresringe liegen ganz eng beieinander. Wacholderbäume können ein Alter von 300 Jahren erreichen. Im Brauchtum und Glauben spielte der Wacholder eine große Rolle: er diente als Antisepticum. Bei der Pest wurden Häuser mit Wacholder ausgeräuchert. Im Volksglauben galt er wegen seines starken Geruchs und seiner stechenden Nadeln als Strauch, der den Hexen und dem Teufel zuwider ist. Krankheiten, die man den bösen Geistern zuschrieb, versuchte man mit Wacholder zu vertreiben. Benutzt wurde er zur Hexen- und Teufelsabwehr, zum Vertreiben von Krankheiten auch beim Vieh, als Schutz vor Verzauberung, aber auch als Fruchtbarkeitssymbol. In dem Märchen „Von dem Machandelboom" legt Marlenichen die Gebeine ihres Bruders unter einen Machandelboom, wie der Wacholder auch genannt wurde. Aus ihm entsteigt ein Vogel, der die Wahrheit verkündet und bewirkt, dass der Bruder wieder lebendig wird. (BRÜDER GRIMM 1907: KINDER- UND HAUSMÄRCHEN).

Die Wacholderbestände am Dörnberg gehören zu den größten in Hessen.

Wacholderzweig: Von April bis Mai blühen in den Achseln der Nadelquirle die Kätzchen. Wolken von Blütenstaub werden vom Wind verteilt und befruchten die weiblichen Fruchtschuppen, aus denen die Wacholderbeeren reifen.

Weißdorn (*Crataegus*)

Ein Rosengewächs mit mehrere Arten: am häufigsten Ein- und Zweigriffeliger Weißdorn. Es gibt auch Mischformen. Die roten Beeren werden auch Mehlbeeren genannt, weil sie getrocknet als Mehlzusatz verwendet wurden. Die gerösteten Kerne dienten in Notzeiten als Kaffeeersatz und die jungen Blätter als Tabakersatz. In der Heilkunde ist Weißdorn bekannt für seine herzstärkende Funktion und zur Regulierung des Blutdrucks ohne Nebenwirkungen und wird heute noch verwendet. Weißdorn lässt sich gut beschneiden und schlägt gut wieder aus – deshalb dient er als Heckenpflanze. Ein Abbeißen der jungen Triebe durch das Vieh verträgt er und bildet dann dichte Büsche, die erst, wenn sie aus der Reichweite des Mauls herausgewachsen sind, in die Breite gehen und dann wie ein Hutpilz aussehen (Kuhbusch).

Schwarzdorn = Schlehe (*Prunus spinosa*).

Im Frühjahr erscheinen zuerst die weißen Blüten, danach die Blätter. In manchen Jahren sind sie mit Gespinsten der Pflaumengespinstmotte überzogen und von deren Raupen kahl gefressen. Das Holz ist sehr hart und wird von Drechslern geschätzt. Es eignet sich als Stiel für Geräte. Schäfer nutzen es als Stiel für die Schafschippe. Das Reisig ist lange haltbar und wird in Gradierwerken (z. B. Bad Sooden) mit Salzwasser überrieselt. Die blauen, bereiften Früchte haben einen zusammenziehenden Geschmack, der sich nach dem Frost etwas verliert, dann sind sie genießbar und können zu Saft, Gelee und Likör verarbeitet werden.

Elsbeere (*Sorbus torminalis*)

Sie ist verwand mit Eberesche, Mehlbeere und Speierling. Das Blatt hat viele Spitzen (ähnlich dem Ahorn). Sie liefert ein wertvolles Holz. In Waldbeständen werden einzelne Bäume extra gekennzeichnet und freigestellt, um günstige Lichtverhältnisse zu schaffen, damit dicke, hohe Stämme erzielt werden, die hohen Gewinn bringen.

Junge Elsbeere zwischen Wacholder; sie bevorzugt sommerwarme basenreiche Standorte auf Kalk-Magerrasen und wächst auch in Orchideen-Buchenwäldern.

Blutroter Hartriegel (*Cornus sanguinea*)
Seine jungen Zweige haben eine rote Rinde. Die weißen Blüten erscheinen nach den Blättern. Diese sind im Herbst rot gefärbt. Die schwarzen Früchte werden von Vögeln gefressen und verbreitet.

Rose (*Rosa*)
12 Arten wurden bisher am Dörnberg nachgewiesen: **Hunds-** (*Rosa canina*), **Falsche Hunds-** (*Rosa subcanina*), **Hecken-** (*Rosa corymbifera*), **Falsche Hecken-** (*Rosa subcollina*), **Feld-** (*Rosa agrestis*), **Wein-** (*Rosa rubiginosa*), **Keilblättrige-** (*Rosa elliptica*), **Falsche Filz-** (*Rosa pseudoscabriscula*), **Duftarme-** (*Rosa inodora*), **Stumpfblättrige-** (*Rosa tomentella*), **Bibernell-** (*Rosa spinosissima*) und **Kartoffel-** (*Rosa rugosa*, eingebracht) **Rose**.
(MEINEKE & MENGE 2004).

Tierwelt

Typische Vögel in den teilweise verbuschten Magerrasenhängen sind Goldammer, Zilpzalp, Fitis, Heckenbraunelle, Hänfling und Grasmücken. Im Jahr 1988 wurden 39 Brutvogelarten mit 586 Brutrevieren festgestellt. Gastvögel sind z.B. Kolkrabe, Schwarz-, Grau- und Grünspecht, Turmfalke, Mäusebussard, Rotmilan, Ring-, Rot- und Wacholderdrossel sowie Bergfink.

Der **Neuntöter** ist charakteristischer Besiedler einer offenen Landschaft, die mit einzelnen Büschen und Hecken bewachsen ist. Diese wählt er als Neststandort und zur Ansitzjagd auf Beutetiere wie Insekten und Mäuse. 1988 wurden bei Vogelbestandserfassungen fünf Brutpaare im 117 ha großen Naturschutzgebiet gezählt. Der Neuntöter kehrt erst im Mai aus seinem Überwinterungsareal zurück. Im Juli können Besucher des Dörnbergs die Neuntöter am besten beobachten, da dann die Jungvögel auf den Büschen sitzend laut nach Nahrung betteln.

Das Neuntöter-Männchen ist an seiner markanten Färbung leicht zu erkennen. Wegen seinem rot-braunen Rückengefieder wird er auch Rotrückenwürger genannt.
Foto: NABU Tom. Dove

Die größeren gebüschfreien Flächen des Dörnbergs sind Lebensraum für **Feldlerche** und **Wiesenpieper**. Im Raum Kassel weist der Dörnberg die höchste Siedlungsdichte der Feldlerche auf. Sie profitiert auf den gehölzfreien Weideflächen von der extensiven Beweidung, da hier Grasbülten stehen bleiben, unter deren Schutz die Lerchen ihre Nester bauen. Die kurzrasigen Start- und Landebahnen der Segelflieger nebenan sind ideales Nahrungsrevier, da die Lerchen hier vom Boden und in der niedrigen Vegetation ihre Nahrung sammeln können. Auf 67 ha Fläche, die von Feldlerchen besiedelt ist, wurden im Jahr 1999 61 Gesangsreviere festgestellt. Der melodische, zwitscherndtrillernde Gesang der Lerchen wird meist beim Fliegen vorgetragen und ist bei günstigem Wetter schon ab Ende Februar zu vernehmen. Mit 21 Wiesenpieper-Revieren auf dem untersuchten Grünland von 137 ha Fläche besteht hier die größte bekannte Lokalpopulation im Raum Kassel. (Lucan & Nitsche 1999; Nitsche 1990). Der häufig im Fliegen vorgetragene Ruf des Wiesenpiepers ist ein einförmiges, kurzes, hartes „hist".

Säugetiere: Im FFH-Gebiet leben Reh, Feldhase, Erdmaus, Wildkaninchen, Waschbär, Eichhörnchen, Maulwurf und Rotfuchs. Wildschweine sind häufige Nahrungsgäste.

Kriechtiere: Zaun- und Waldeidechse sowie Blindschleiche kommen am Dörnberg vor.

Schnecken: Insgesamt neun Landgehäuseschnecken leben im Magerrasenbereich (ohne Wald).
Die größte Schnecke mit Gehäuse ist die **Weinbergschnecke** (*Helix pomatica*). Das kräftige Gehäuse wird 3 bis 5 cm breit und hoch. Deutlich sichtbar sind die Zuwachsstreifen, die von feinen Spirallinien gekreuzt werden. Meist kommen rechtsgewundene Gehäuse vor, selten links- (sogenannte Schneckenkönige). Die Gehäusefarbe variiert von cremeweiß bis gelblichbraun mit braunen Bändern. Die Weinbergschnecke verlässt im Frühjahr bei ca. 8 °C und feuchter Witterung das Winterquartier. Dazu muss sie zunächst mit dem Fuß den Winterdeckel am Gehäuse, der vor Feinden und übermäßiger Ver-

Die Feldlerche ist der verbreitetste Vogel in der offenen Agrarlandschaft mit stark rückläufigen Brutbeständen. Foto: NABU Skylark

Die Weinbergschnecke, die größte mitteleuropäische Gehäuseschnecke, ist an ihrem dickwandigen, kugelförmigen Gehäuse zu erkennen. Die Grundfärbung geht von cremeweiß bis gelblichbraun, oft mit undeutlichen braunen Bändern.

dunstung schützt, abheben. 40 bis 60 Eier legt die Schnecke im Mai in eine selbst gegrabene Erdhöhle. Nahrung sind frische, grüne oder welke Pflanzen. Die Lebensdauer beträgt fünf bis acht Jahre.

Häufig sind im Gebüschbereich, aber auch in den Gärten und Wäldern, die Bänderschnecken anzutreffen: die **Schwarzmündige Bänderschnecke** (Cepaea nemoralis) und die **Weißmündige Bänderschnecke** (Cepaea hortensis). Beide Arten kommen in zahlreichen Farbvariationen vor, von rein gelb oder rosa bis zu stark gebänderten Exemplaren. Eine typische Gehäuseschnecke der trockenen, kurzrasigen Kalk-Magerrasen ist die **Gemeine Heideschnecke** (Helicella itala). Höhe 5 bis 12 x 9 bis 25 mm Breite. Das Gehäuse ist scheibenförmig mit regelmäßig zunehmenden Umgängen. Der Nabel ist sehr weit und tief und nimmt etwa $1/3$ der Gehäusebreite ein. Nahrung sind Moderstoffe und welke Pflanzenteile. Sie kann ein Alter von 2 ½ Jahren erreichen. In Deutschland gilt sie als gefährdete Art. **Zwerg-Heideschnecke** (Trochidea geyeri), nur an wenigen Stellen. 3,5 bis 5 x 5 bis 8 mm. Das Gehäuse ist kugelförmig mit 4 ½ bis 4 ¾ Umgängen und wirkt leicht gedrückt. Der Nabel ist zylindrisch, mäßig weit. **Kleine Schließmundschnecke** (Clausilia parvula), 9 bis 9,5 x 2 bis 2,2 mm. Dunkel rotbraun, spindelförmiges Gehäuse 9 bis 11 Umgänge. Nicht häufig. **Roggenkornschnecke** (Abida secale), 6 bis 8,5 x 2,3 bis 2,8 mm. Walzenförmiges Gehäuse mit 8 ½ bis 8 schwach gewölbte Umgängen. Konisch verjüngt. **Rötliche Glanzschnecke** (Aegopinella nitidula), 8 bis 10 mm. Etwas durchscheinend, 4½ Umgänge. Lebt unter Gebüsch im toten Laub und Moos. **Moospuppenschnecke** (Pupila muscorum), 3 bis 4 x 1,7 mm (sehr winzig). 6 bis 7 Umgänge, im letzten Viertel konisch gerundet.

Magerrasen – Reichtum an Tagfaltern

Häufigste Tagfalter waren bei Untersuchungen von Anfang April bis Ende September 2009 auf Magerrasenflächen **Silbergrüner Bläuling** (Polyommatus coridon), **Großes Ochsenauge** (Maniola jurtina), **Zwerg-Bläuling** (Cupido minimus), **Gelbling** (Colias alfacariensis / C. hyale), auch Goldene Acht genannt, **Schachbrett** (Melanagria galathea) und **Großer Perlmutterfalter** (*Argynnis aglaija*). Insgesamt wurden in dem Zeitraum 1982 bis 2009 53 Tagfalter- und 6 Widderchenarten, auch Zygänen genannt, festgestellt (LACZNY 2010). Widderchen sind an ihren schwarzschillernden Flügeln mit roten Flecken oder Punkten zu erkennen. Oft sitzen sie zu mehreren an Wiesen- und Skabiosen-Flockenblume, Tauben-Skabiose, Acker-Witwenblume und Disteln. Sie enthalten giftige Blausäureverbindungen, und ihre auffällige Färbung ist eine Warnung an Vögel und andere Feinde.

seine Eier an Hufeisenklee, die Raupen des **Zwerg-Bläulings** (*Cupido minimus*) fressen am Wundklee, der **Quendel-Ameisenbläuling** (*Maculinea arion*) benötigt zur Raupenentwicklung Thymian, der auch Quendel genannt wird. Wenn der erste Teil der Raupenentwicklung des Quendel-Ameisenbläulings abgeschlossen ist, wird die Raupe von Ameisen einer bestimmten Art (*Myrmica sabuleti*) in ihr Nest getragen. Die Ameisen lecken den von ihr abgesonderten Saft auf und akzepieren sie als Untermieter. Im Nest ernährt sich die Raupe dann von den Larven der Ameisen, verpuppt sich schließlich, und ein neuer Bläuling schlüpft. Weitere Arten sind **Argus-Bläuling** (*Plebeius idas*), **Sonnenröschen-Bläuling** (*Polyommatus artaxerxes/P. agestis*) und **Gemeiner Bläuling** (*Polyommatus icarus*), auch Hauhechel-Bläuling genannt.

An den hell umrandeten sechs roten Flecken der Vorderflügel ist das Esparsetten-Widderchen zu erkennen. Die Gewöhnlichen Blutströpfchen, rechts an der Flockenblume, sind die in Hessen am häufigsten vorkommende Widderchenart.

Mit mehreren Arten kommen **Bläulinge** im Naturschutzgebiet vor. Sie sind jeweils spezialisiert auf bestimmte Raupen-Futterpflanzen. Der **Silbergrüne Bläuling** (*Polyommatus coridon*) legt

Hauhechel-Bläulinge ruhen an einer ausgeblühten Margerite.

Schwalbenschwanz (*Papilio machaon*) (siehe Foto Seite 42 an Deutschem Enzian).

Der Schwalbenschwanz ist einer der größten, heimischen Tagfalter. Seine gelbe Grundfarbe mit schwarzer Zeichnung, blauer Farbfeldreihe und je einem rostfarbenen Punkt auf den Hinterflügeln machen ihn unverwechselbar. Seinen Namen hat er von den weit ausragenden Spitzen an den Hinterflügeln, die an die Schwanzform der Rauchschwalben erinnern. Sein Lebensraum sind Halbtrocken- und Trockenrasen, Ruderalflächen, Waldlichtungen, Obstwiesen und auch Gärten. Diese Bereiche besiedelt er aber nur, wenn hier geeignete Futterpflanzen für seine Raupen vorhanden sind. Zu ihnen gehören Doldenblütler (*Umbelliferen*) wie Wiesen-Kümmel (*Carum carvi*), Kleine Bibernelle (*Pimpinella saxifraga*), Wilde Möhre (*Daucus carota*), Pastinak (*Pastinaca sativa*), Fenchel (*Foeniculum vulgare*) und Dill (*Anethum graveolens*). An diese Pflanzen klammern sich die Weibchen und heften mit gekrümmtem Hinterleib ihre Eier unter Pflanzenteile im Flatterflug. Sie wählen hierzu junge, zarte und aromatische Pflanzen aus, die über unbewachsener Erde oder Steinen und Gesteinsschutt stehen, da hier ein besonders günstiges Mikroklima herrscht. Die Jungraupe ist schwärzlich mit weißem Sattelfleck und sieht wie Vogelkot aus, was eine günstige Tarnung vor Fressfeinden ist. Die erwachsene Raupe wirkt „getigert": lichtgrüne Grundfarbe mit schwarzen Streifen, in die gelbe Flecken eingestreut sind. Alljährlich gibt es zwei (bis drei) Generationen, die erste fliegt im zeitigen Frühjahr zur Löwenzahnblüte (Ende April). Die Raupen der Herbstgeneration verpuppen sich vor Winterbeginn und überwintern an Pflanzenstängeln, an die sie mit einem „Gürtelband" befestigt sind. Die Falter saugen an verschiedenen Blüten.

Wegen der geringen Anzahl von Schwalbenschwänzen pro Gebiet, ist die Partnerfindung nicht einfach. Da sie recht flugstark sind, suchen sie alljährlich die gleichen Rendezvousplätze auf. Dies sind Bergkuppen oder Burgruinen, die aus der Landschaft herausragen. Ein solcher Platz ist der Kessel (Kleiner Dörnberg). Hier versammeln sich die Schwalbenschwänze und führen ihre Balzflüge aus. Im Englischen wird dieses Verhalten als „Hilltopping" (Gipfelbalz) bezeichnet. Jedes Männchen beansprucht dabei ein bestimmtes Revier. Berührt es beim Flug ein anderes, fliegt der Revierinhaber auf, berührt dabei weitere Reviere, und schließlich wirbeln zahlreiche Falter in der Luft. Nach der Begattung der Weibchen verteilen sich die Falter in geeignete Lebensräume.

Der Schwalbenschwanz ist eine nach dem Bundesnaturschutzgesetz besonders geschützte Art. Seine Gefährdung ist in den Roten Listen Deutschlands 1998 und Hessens 2009 in der Kategorie „Art der Vorwarnliste" eingestuft.

(WEIDEMANN 1995; SETTELE, FELDMANN, REINHARDT 2000)

Weitere Insekten und Spinnen am Dörnberg
Klaus-Berndt Nickel

Am Alpenpfad befindet sich im Bereich des Waldes eine Kolonie der **Kahlrückigen Waldameise** (*Formica polyctena*), einer in Deutschland besonders geschützten Art nach BNatSchG. Der oberirdische Teil des Nestes besteht hauptsächlich aus Fichten- und Kiefernnadeln sowie kleinen Aststücken. Auch Harzpartikel werden mit eingebaut. Des Weiteren finden wir die ebenfalls besonders geschützte **Wiesen-Waldameise** (*Formica pratensis*). Sie baut wesentlich kleinere Nesthügel und verwendet überwiegend Grashalme zum Nestbau. Diese Waldameisenarten mit den auffällig errichteten Nesthügeln kann man weder an Form und Größe ihrer Nesthügel noch an dem Baumaterial unterscheiden. Waldameisenarbeiterinnen sehen äußerlich alle mehr oder weniger gleich aus, sie sind rotbraun gefärbt und z. T. schwarz pigmentiert. Mit bloßem Auge kann man die einzelnen Arten nicht unterscheiden. Im Grünland auf den Huteflächen findet man weitere Ameisenarten wie die **Gelbe Wiesenameise** (*Lasius flavius*) und *Lasius niger*. Diese Wärme liebenden Arten mit ihren Bauten als oberirdisch aufgetürmte Erdhügel mit Höhen bis 30 cm verteilen sich regellos auf der Grünfläche. Charakteristisch ist der Bewuchs mit Kräutern, die auf den Nesthügeln gedeihen, wie Feld-Thymian (*Thymus pulegioides*), Feld-Ehrenpreis (*Veronica arvensis*) und Gundermann (*Glechoma hederacea*). Des Weiteren finden wir auch *Lasius emarginatus* und *Lasius brunneus* auf den Magerrasen. (SEIFERT 2007)

Faunisten werden die Bienen, Wespen, Hummeln, Fliegen, Schwebfliegen, Wanzen, Heuschrecken, Zikaden und Käfer beachten, die für den Laien nicht leicht zu bestimmen sind. Hier besteht für den Dörnberg noch Forschungsbedarf.

Im Herbst fallen dem Besucher die Netze der Spinnen besonders auf. Sie bauen je nach Art verschiedene Fangeinrichtungen: z. B. Radnetze oder Baldachine, die zwischen Pflanzen aufgespannt sind sowie trichterförmige über dem Boden und vor Erdlöchern.

Markante Berge und Felsen im Dörnberggebiet

Die **Helfensteine** bestehen aus Basaltfelsen, die durch Erosion des umliegenden weniger harten Materials im Lauf von Jahrmillionen freigelegt wurden. Die Felsen umgibt ein halbrunder Wall, den unsere Vorfahren angelegt haben. Die ältesten Scherbenfunde am Fuß und zwischen den Felsen stammen aus der Zeit des 6. bis 5. Jahrhunderts v. Chr. Es wird vermutet, dass die Felsen als kultischer Ort gedient haben und ein „Natur-Heiligtum" waren. Hierfür gibt es aber keine archäologischen Nachweise. Weiterhin wurden mittelalterliche Scherben aus dem 12./13. Jahrhundert gefunden. Diese Funde und der benachbarte Flurname „Immelburg" in Richtung Hoher Dörnberg lassen auf dem Felsen eine kleine hochmittelalterliche Burg vermuten (LANDKREIS KASSEL 2006).

Interessant ist weiterhin, dass zur Sommersonnenwende, vom Burghasunger Berg aus gesehen, die Sonne genau über den Helfensteinen wie eine goldene Kugel in einer Schale aufgeht. Die Zeitrechnung wurde in der Frühzeit anhand von Erscheinungen am Himmel wie Mond- und Sternenstand sowie Sonnenauf- und untergang in Bezug zu Geländemarken bestimmt. Die Kenntnis war für den jahreszeitlichen Lebensrhythmus der Menschen von großer Bedeutung. Berge (Kalenderberge), die solchen Beobachtungen dienten, waren gleichzeitig Kultorte (Fröhlich, mdl.).

Die Felsformationen der Helfensteine in ihrer exponierten Lage geben dem Dörnberggebiet eine unverwechselbare Identität. Foto: Otto Reinhard

Helfensteine mit drei markanten großen Felsbereichen. Fünf dunkle Linien im Grünland kennzeichnen die Böschungen der ehemaligen Ackerkulturen aus dem 12. bis 14. Jahrhundert. Die Nadelholzbestände wurden inzwischen zum großen Teil durch Stürme geworfen und sind weitgehend geräumt. Foto 2006 © George Reinhart

Im 12. bis 14. Jahrhundert wurden Teile des Dörnbergs sowohl unterhalb der Helfensteine als auch zwischen Dörnbergstraße und Kessel ackerbaulich genutzt. Noch heute kann man lange, Hang parallele Strukturen (Verebnungen und Raine) erkennen, die die Feldbreiten markieren (in dieser Zeit herrschte ein relativ mildes Klima).

Auf dem **Hohen Dörnberg** befindet sich ein Plateau (6,5 ha), das sich etwa 250 bis 300 m über die umliegenden Täler erhebt. Die Hänge der fast ebenen Fläche fallen steil ab und bieten einen natürlichen Schutz. Nach dem derzeitigen Kenntnisstand ist der an der Hangkante verlaufende Wall als keltenzeitliche Befestigungsanlage (6. bis 1. Jahrhundert v. Chr.) anzusehen. Archäologische Untersuchungen 2008/2009 haben eine weitere von einem Wall umgrenzte Fläche (11 ha) bei der Immelburg nachgewiesen (MERTL 2009). Scherbenfunde auf dem Hohen Dörnberg und die Größe des besiedelten Areals lassen auf ein keltisches Opidum schließen. Die Befestigung wurde im frühen Mittelalter (um 700) erneuert und offenbar zu einem Stützpunkt der fränkischen Macht ausgebaut. Zu dieser Bauphase zählen die beiden weiteren Wälle am Nordhang des Hohen Dörnbergs. Zugänge befanden sich im Osten und Nordwesten. Nach der Überlieferung besetzte im Jahr 1071 Herzog Otto von Northeim, ein Widersacher von König Heinrich IV., den in Sichtweite liegenden Hasunger Berg. Die Funde von Keramikscherben aus

Der Hohe Dörnberg in seiner landschaftsbeherrschenden Stellung, steilen Flanken mit historischen Wallanlagen und fast ebener ehemals besiedelter Hochfläche kommen im Luftbild besonders gut zur Geltung. Foto 2006, © George Reinhart

Die Wichtelkirche im Jahrslauf: Die Gehölze beginnen zum 1. Mai 2010 sich mit Grün zu schmücken, buntes Herbstlaub zeigt die hier wachsenden verschiedenen Gehölze an (Aufnahme 2006), zu Neujahr 2010 bedeckt eine weiche Schneedecke die scharfen Felskonturen.

dem 11. Jahrhundert könnten das bestätigen. (LANDKREIS KASSEL 2006)

Die **"Wichtelkirche"**, auch „Blumenstein" genannt, ist ein Basaltfelsen nordwestlich des Hohen Dörnbergs über dem Heilerbachtal. Auf der „Wichtelkirche" lag eine kleine mittelalterliche Burg, von der keine baulichen Reste erhalten sind. Keramikscherben und urkundliche Nachrichten erlauben es, die ehemalige Burg in das 12. und 13. Jahrhundert einzuordnen. Urkundlich wird 1213 die Familie von Blumenstein genannt. Die Burg war anscheinend 1386 schon verfallen und wurde 1430 nur noch als wüst erwähnt. (LANDKREIS KASSEL 2006)

Der Name „Wichtelkirche" hat seinen Ursprung in einer alten Sage:

Im Schoss des Berges wohnte ein Wichtelkönig mit seinem Volk. Eines Tages erblickte er am Abhang des Berges eine wunderschöne, junge Frau. Danach wartete er lange Zeit vergebens auf sie. Aber eines Abends kam das Mädchen wieder, um Blumen zu pflücken und schlummerte im Gras ein. Der Wichtelkönig nahm die Gestalt eines Menschen an, näherte sich ihr, setzte sich an ihre Seite und küsste sie. Er gab sich als König der Wichtel zu erkennen und versprach ihr viel Gold und Silber, wenn sie seine Frau werden würde. Aber das Mädchen weigerte sich, da er kein Christ war. Da versprach er, ein Priester würde den Segen geben, worauf sie einwilligte. In der Johannisnacht sollte die Vermählung stattfinden. Am Berg erhob sich eine Kapelle mit Turm und Säulen,

53

die der Wichtelkönig errichten ließ. Trotz Glanz, Lichtern und lieblicher Musik war das Mädchen aber von einer seltsamen Angst erfüllt, denn alles schien kalt und seelenlos. Als der Priester die Braut fragte, ob sie ihren Auserwählten heiraten wolle, antwortete sie „nein". Im selben Augenblick dröhnte ein Donnerschlag, die Lichter erloschen und der ganze Berg bebte. Die junge Frau fand sich allein in der Nacht, und wo vorher die Kirche erglänzte, steht seitdem ein nackter, kahler Fels in Kirchenform. (RIPPE 1991)

Hohlestein

Etwa 1 km östlich vom Hohen Dörnberg erhebt sich der Hohlestein mit 476,6 m. Der steil aufragende Basaltfelsen liegt in der Gemarkung von Ahnatal-Weimar und ist von Wald umgeben. An der Ostseite wurde der Felsen freigestellt. Ein Steinwall am Fuß stammt wahrscheinlich aus der Eisenzeit. Funde aus dem Hochmittelalter (12./13. Jahrhundert) deuten auf eine Besiedlung, möglicherweise auch eine kleine Burganlage in dieser Zeit hin. Eine das ganze Jahr mit Wasser gefüllte von Menschenhand hergestellte Vertiefung auf der Gipfelfläche gibt Anlass zu unterschiedlichen Aussagen über Bedeutung und Nutzung. Neben der Deutung zu kultischen Zwecken wird die Nutzung als Zisterne oder Keller zur Zeit der Besiedlung oder als ein Versuchsschacht zur Eisengewinnung in spätmittelalterlicher Zeit diskutiert. (SIPPEL 1994; LANDKREIS KASSEL 2006). Einige Besucher empfinden

Steil aufragende, markante Felsen bilden den Gipfel des Hohlesteins.

Mitten auf dem Hohlestein wurde eine Grube in den Fels getrieben die stets mit Wasser gefüllt ist.

den Hohlestein als „Kraftort" wie auch die Helfensteine und den Burghasunger Berg. Diese Stellen könnten als Kultplätze gedient haben.

Bühl

Der Bühl, direkt am südwestlichen Rand von Weimar gelegen, ist ein beliebter Naturbadesee von ca. 0,3 ha Größe. Er ist in einem ehemaligen Basaltsteinbruch entstanden. Die Basaltgewinnung begann 1843 zunächst in kleinem Maße und ab 1896 in industrieller Form, wobei der Basalt auf der neuen Eisenbahnlinie von Weimar nach Kassel befördert wurde. Der ehemalige Basaltkegel wurde fast vollständig abgebaut. In den 1920er Jahren füllte sich der Abbaukrater mit Wasser und der heutige See entstand. Beim Abbau des Basalts wurden auch Einschlüsse von gediegenem Eisen gefunden. Dieses elementare Eisen kam in Form von walnuss- bis faustgroßen, knollenartigen Einschlüssen vor und stellt eins der weltweit seltenen Fundorte dieser Ausprägung dar. (SIPPEL 1994, GERMEROTH u. a. 2005).

Hangarstein und Kopfsteine bei Fürstenwald

Der Hangarstein mit 418,5 m in der Gemarkung Fürstenwald ist ein östlicher Ausläufer des Dörnbergmassivs. Sein mächtiger Basaltkern wurde größtenteils abgebaut. In dem Steinbruchkrater bildete sich ein Natursee, der von Wald und Felsen umgeben ist.

Versteckt im Wald des Hangarsteins liegt im ehemaligen Steinbruch ein idyllischer See.

Besonders üppig gedeiht an den Felswänden der Tüpfelfarn, auch Engelsüß genannt.

Im Postenberg westlich von Fürstenwald ragen markante Felsen auf, die Katzensteine. Rund um den Dörnberg befinden sich weitere Basaltfelsen, die den Namen Katzenstein tragen.

Auf einer kleinen Basaltkuppe westlich von Fürstenwald nahe der Bahnstrecke ragen zwei markante Basaltfelsen, die Kopfsteine, empor. Sie sind als Naturdenkmal ausgewiesen. Auf dem umgebenden Magerrasen wachsen Streuobst und markante Eichen.
Im Dörnberggebiet befinden sich weitere Basaltfelsen, die oft versteckt in Waldungen liegen und den Namen Katzenstein tragen wie z. B. bei Dörnberg und im Postenberg bei Fürstenwald sowie bei Zierenberg. Östlich von Gut Bodenhausen ragt der Habichtstein aus dem Wald. Er ist Teil des NSG „Habichtsstein und Warmetal bei Ehlen".

Naturerlebnis im Raum Kassel
– Ausstellungen, Mitmachangebote und Informationen

Im Landkreis Kassel und in der Stadt Kassel besteht ein vielseitiges Bildungsangebot für die Naturwahrnehmung in außerschulischen Einrichtungen für Kinder und Erwachsene. Die meisten von ihnen haben sich zur Arbeitsgemeinschaft „BioLeKa – biologische Lernorte Region Kassel" zusammengeschlossen. Sie sind mit Informationsmaterial im Naturparkzentrum Habichtswald vorgestellt.

Naturparkzentrum Habichtswald

Seit August 2009 besteht das Naturparkzentrum Habichtswald auf dem Dörnberg. In Ausstellungsräumen werden die erdgeschichtliche Vergangenheit, die historische Besiedlung, die heutige Natur und der Naturschutz im Habichtswald dargestellt. Die Entstehung der Kalkgesteine vor ca. 240 Millionen Jahren mit typischen Pflanzen und Tieren des Muschelkalkmeeres wird mit nachgebildeten Modellen für den Besucher erlebbar, und selbst Kinder können aktiv bei der Freilegung von Fossilien (Versteinerungen von Tieren) der damaligen Zeit mitwirken. Später überlagerten basaltische Gesteine, die aus aufsteigendem Magma vor 14 bis 7 Millionen Jahren entstanden, die Landschaft und schützten mit ihrem harten Gestein die ehemalige Landoberfläche vor Abtragung. Markante Basaltsäulen, die an mehreren Stellen im Dörnberggebiet wie z. B. an den Helfensteinen, dem Kessel und Hangarstein offen sichtbar sind, lagern im Ausstellungsraum. Gesteinsplatten aus Buntsandstein, die im Stadtwald Wolfhagen geborgen wurden, zeigen Fährten von Sauriern, die vor etwa 245 Millionen Jahren unseren Raum besiedelten.

In einem Diorama wird die heutige Tier- und Pflanzenwelt der beiden geologischen Formationen des Dörnbergs mit den Kalk-Halbtrockenrasen und den basaltischen Helfensteinen gezeigt. Hier lässt sich erkennen, wie das Vorkommen bestimmter Arten anderen Lebensmöglichkeit gibt und somit eine Lebensge-

In der Übergangszone vom Muschelkalk zum Basalt liegt das „Naturparkzentrum Habichtswald". Kalksteinmauern säumen den Eingangsbereich. Foto: S. Nitsche

Im Foyer werden Gäste begrüßt und Informationen bereit gehalten.
Foto: Birgit Mietzner

Eine Auswahl regionaler Produkte, Bücher, Karten und Kunsthandwerk liegt zum Kauf aus. Foto: Birgit Mietzner

Dort, wo sich heute der Naturpark befindet, gab es vor 243 Millionen Jahren ein Muschelkalkmeer. Seine Tier- und Pflanzenwelt ist in einem Diorama nachgebildet.
Foto: Birgit Mietzner

Das „Keltenhaus" ist ein Nachbau eines eisenzeitlichen Wohn- und Werkstatthauses aus der sogenannten Spätlatene-Zeit (150 bis 100 v. Chr.).
Foto: Jürgen Depenbrock

meinschaft in einem Biotop funktioniert. Tafeln mit Blütenpflanzen, Vögeln und Insekten bieten die Möglichkeit, die auf Wanderungen im Gebiet angetroffenen Arten zu erkennen. Landwirtschaft und Naturschutz wirken zum Erhalt der Dörnberglandschaft zusammen.

und Produkten machen das Haus zu einem Informations- und Anziehungspunkt im Naturpark Habichtswald. Weitere Informationen unter: www.naturpark-habichtswald.de

Regionalmuseum Wolfhager Land – Geschichte und Natur auf der Spur
Dr. Jürgen Römer

Gerätschaften im und um das Haus geben Einblick in das Leben der damaligen Bewohner.

Die Besiedlung des Dörnbergs seit der Jungsteinzeit kann der Besucher an den heute noch sichtbaren Spuren, den auffallenden Wällen am Hohen Dörnberg, erkennen. Ein Luftbild im Ausstellungsraum zeigt eindrucksvoll die Größe der Anlage. Archäolgische Forschungen belegen eine intensive Besiedlung während der Zeit der Kelten (800 bis 475 v. Chr.). Ein nachgebautes eisenzeitliches Wohn- und Werkstattgebäude gibt Einblick in die Lebens- und Arbeitsweisen der damaligen Menschen, wie Spinnen und Färben von Wolle, Weben mit dem Gewichtswebrahmen und Brettchen, Backofenbau, Honiggewinnung, Holzbearbeitung an der Schnitzbank, Flechten von Korbwaren und Verwendung von Fellen und Töpferware aus Ton. Medienpräsentationen und ein Schulungs- und Seminarraum sowie Veranstaltungen, Führungen, Wanderausstellungen, der Verkauf von regionalen Karten, Büchern

Von der Geologie bis zur Alltagskultur der Großeltern – das Regionalmuseum Wolfhager Land macht Vergangenes auf anschauliche Weise lebendig. Die Dauerausstellung bietet für jeden etwas. Bedeutende Funde aus der Vor- und Frühgeschichte entführen die Besucher in die geheimnisvolle Frühzeit unserer Kultur, wie sie sich etwa auch auf dem Dörnberg zeigt. Das Mittelalter wird in zwei Räumen gezeigt: einer ist unter anderem dem bedeutenden ehemaligen Benediktinerkloster Hasungen und der frühmittelalterlichen Missionsstation auf dem Schützeberg gewidmet. Ein großes Modell der Weidelsburg im 15. Jahrhundert lädt ein, das Wahrzeichen des Wolfhager Landes und den Alltag auf einer Burg zu entdecken. Näher an unsere Gegenwart führen die Ausstellungen zu Handwerk und Zünften und zum Leben des Bürgers in der Stadt. Das Alltagsleben des Ackerbürgers kann ebenso erlebt werden wie originale Handwerkerstuben, in denen der Schuster und der Schreiner sofort mit ihrer Arbeit beginnen könnten. Die

Das Regionalmuseum Wolfhagener Land befindet sich im Alten Renthof und in der daneben liegenden Zehntscheune in Wolfhagen.

Museumsmacher stellen daneben Herstellung und Pflege von Textilien im Haushalt vor. All diese Themen sind im Haupthaus des Museums zu sehen, dem barocken Renthof.

Im Geologischen Zeitpfad im Außenbereich sowie in der Zehntscheune stehen zunächst die Geologie der Vulkane des Habichtswaldes und die spektakulären Wolfhager Saurierfährten im Mittelpunkt, ergänzt um eine mineralogische Sammlung. Die Fährten des Protochirotherium Wolfhagense, eines gut zwei Meter langen, urtümlichen Sauriers, wurden im Wolfhager Stadtwald gefunden; die Referenzfossilien sind im Regionalmuseum zu sehen. Das Schichtmodell eines der typischen Vulkane des Habichtswalds lässt die innere Struktur der Feuerberge gut erkennen. Zusammen mit einer Schau von kleinen Basaltsäulen setzt es die Vulkanregion gut in Szene. Der Geologische Zeitpfad als Verbindung der beiden Museumsgebäude macht Erdgeschichte anschaulich. Er ist in Abschnitte eingeteilt, die den einzelnen Epochen der Entwicklung der Erde und ihrer Lebewesen entsprechen. Passende Mineral- und Gesteinsblöcke zeigen die große Vielfalt der Geologie.

Ein großer Raum ist dem Fachwerkbau im Wolfhager Land gewidmet. Anhand eines guten Dutzends verschiedener Fachwerkmodelle erschließt sich diese komplexe Bauweise, die die Städte und Dörfer unserer Region prägt. Die Ausstellung wird komplettiert durch eine Fachbibliothek zum Fachwerk- und Lehmbau. Spielzeuge, Bilder und gehobene Ausstattung der Bürgerfamilie sind in zwei Räumen zu sehen. Ein Stadtmodell zeigt Wolfhagen im 16. Jahrhundert und lässt erkennen, wie viel sich seitdem verändert, aber auch erhalten hat. In der Galerie sind Gemälde und Zeichnungen von Künstlern der Region ausgestellt. Der berühmte Brasilienfahrer Hans Staden, der 1556/1557 zum ersten Mal in einem Buch in deutscher Sprache über Brasilien berichtete, verfasste sein Werk in Wolfhagen. Ihm ist eine faszinierende Ausstellung mit originalen Exponaten aus Brasilien, Schiffsmodellen, historischen Land- und Seekarten und Installationen gewidmet. Neben dem Kannibalismus, wie Staden ihn beschreibt, ist sein Buch eine Fundgrube für die Naturgeschichte Brasiliens geblieben. Die Besucher können schließlich eine Sammlung zur Sparkassengeschichte besichtigen, die historische Münzen und Banknoten, Rechenmaschinen vom 19. Jahrhundert bis zu frühen Computern und vieles Interessante rund ums liebe Geld zeigt. Zum Regionalmuseum gehört das Klostermuseum Burghasungen, mit sehenswerten Funden und Architekturstücken aus dem Mittelalter (voraussichtlich Neubau 2010/11). Sonderausstellungen zu verschiedenen Themen ziehen stets zahlreiche Besucher an. Aktuelle Hinweise dazu bietet die Homepage www.regionalmuseum-wolfhager-land.de. Öffnungszeiten: Di. – Do. 10 – 13 und 14 – 17 Uhr, Sa. und So. 14 – 17 Uhr, Eintritt Erwachsene 2 €, Kinder 1 €, Familien 4 €. Schul- und Gruppenpreise sowie -führungen auf Anfrage.

Regionalmuseum Wolfhager Land
Ritterstraße 1, Uslarplatz
34466 Wolfhagen
Telefon: 05692 992431
E-Mail: info@regionalmuseum-wolfhager-land.de

Naturkundemuseum im Ottoneum Kassel

Das Ottoneum, der älteste Theaterbau Deutschlands (errichtet 1604 – 1606), ist seit 125 Jahren Naturkundemuseum.
Foto: Dieter Schwerdtle

Das Naturkundemuseum im Ottoneum in Kassel ist der bedeutendste außerschulische Lernort in Nordhessen im Sinne des Beschlusses der Vereinten Nationen von 2002 „Bildung für nachhaltige Entwicklung". Das Naturkundemuseum besteht seit 125 Jahren als Einrichtung der Stadt Kassel mit einer traditionellen, überregionalen und weltweiten Vernetzung durch Sammlung von Objekten, Schriftentausch und persönlichen Kontakten. Im Raum Kassel kommuniziert das Ottoneum z. B. mit der Universität Kassel, allgemeinbildenden Schulen, dem Landkreis Kassel, Naturschutzverbänden und Einrichtungen im Naturpark Habichtswald und im Dörnberggebiet.

Das Museum bietet in drei Etagen auf 1.400 m² Ausstellungen an, die in den letzten Jahren zunehmende Akzeptanz und dadurch auch steigende Besucherzahlen erreichten (2009 deutlich über 80.000 Personen). Moderne Museumstechnik ermöglicht es den Besuchern, die Natur mit ihrer Vielfalt an Arten und Formen innerhalb ihres Lebensraumes kennen zu lernen. Durch interaktive Einrichtungen können Tierstimmen und Informationen z. B. über

Das Diorama mit den Halbtrockenrasen und Felsen am Doernberg zeigt seine Pflanzen- und Tierwelt sowie die Nutzung durch Beweidung. Foto: Dieter Schwerdtle

Touchscreen-Monitore abgerufen oder z. B. durch Fühlen und Riechen versteckte Früchte oder Pflanzenteile einer Art zugeordnet werden. Auch Begegnungen mit lebenden Tieren wie Spinnen, Mäusen, Bienen oder Fischen begeistern vor allem Kinder. Dauerausstellungen mit Dioramen zeigen z. B. die Lebenswelt der Kalk-Magerrasen des Dörnbergs in der Berglandschaft des Naturparks Habichtswald. Weitere realistische Nachbildungen sind der Waldlandschaft Nordhessens, dem Lebensraum der Fulda, dem Naturschutzgebiet Dönche und den Böden im Raum Kassel gewidmet. Auf der Homepage des Museums werden Exkursionsvorschläge im Dörnberggebiet mit Karten und Bildern z. B. zum Kennen lernen der Böden gezeigt. Eine große Dauerausstellung über die „Eiszeitlandschaft" wird zur Zeit fertig gestellt.

Großes Interesse finden immer wieder temporäre Ausstellungen. Hierzu zählten „Ötzi – der Mann aus dem Eis", „Mumien – Körper für die Ewigkeit", „Alles für die Katz'", „Auf den Hund gekommen" und „Herrscher der Lüfte". Im Herbst 2010 wird eine große Ausstellung zur Evolution des Menschen gezeigt.

Ausstellungen sind für das Verständnis von Lebensgemeinschaften von der lokalen bis zur globalen Ebene in unterschiedlichen Zeiträumen wichtig und bieten Grundlagen und Anregungen für Natur- und Umweltschutzmaßnahmen.

Vom Museumspersonal wurden 2009 892 Führungen, Workshops und sonstige Veranstaltungen durchgeführt, die von Kindergeburtstagsfeiern bis zu museumspädagogischen Inhalten ein breites Spektrum abdecken. Hinzu kommen abendliche Vorträge mit naturkundlichen Themen.

Die Jahrhunderte alte Tradition der Sammlung von Exponaten von Tieren, Pflanzen und Gesteinen ist auch weiterhin ein wichtiger Schwerpunkt für die Museumsarbeit. Die Sammlungsbestände des Ottoneums sind mit über 400.000 Objekten in Magazinen und in zwei Außenlagern untergebracht. Sie stehen für weitere Ausstellungen und wissenschaftliche Forschungen sowie für Bildungsarbeiten im Museum zur Verfügung.

Naturkundemuseum im Ottoneum
Steinweg 2, 34117 Kassel
Telefon: 0561 787-4066
E-Mail: Naturkundemuseum@stadt-kassel.de
www.naturkundemuseum-kassel.de
Öffnungszeiten: Di. – Sa. 10 – 17 Uhr
Mi. 10 – 20 Uhr und So. 10 – 18 Uhr

Natur-Informationszentrum Naumburg
Claudia Thöne und Klaus-Berndt Nickel

Das Natur-Informationszentrum in Naumburg ist eine neuartige Einrichtung der Umweltbildung, die sich nicht nur auf einen Naturerlebnisraum im „Haus des Gastes" beschränkt, sondern mit vielfältigen Außenprojekten die Erkundung der Natur und Landschaft um Naumburg anregt oder durch Führungen ermöglicht. Durch Vorträge und Seminare werden biologische Themen vertieft. Kooperationen mit weiteren Naturverbänden und Einrichtungen ermöglichen ein umfangreiches Umweltbildungsangebot.

Der Naturerlebnisraum ist erstes Ziel für Naturinteressierte, um sich spielerisch und forschend auf Naumburg und seine Natur & Landschaft einzulassen. Durch das große Engagement der Stadt Naumburg hat sich in dieser

Anschauliche Informationen rund um den Apfel und über Streuobstwiesen lassen sich an einer Infosäule abrufen.
Foto: C. Thöne

Region der Apfel als Schwerpunktthema entwickelt. Dies zeigt sich in den jährlich im Herbst (Ende Oktober oder Anfang November) stattfindenden hessischen Pomologentagen (Obstschau mit Apfelmarkt) und der großen Apfelwiese mit über 100 alten, historischen oder regionalen Apfelsorten. Erster Baustein für ein Apfelmuseum ist eine moderne Apfelinfosäule, die über Touchscreen Computerbegeisterte anspricht und über das Leben in der Streuobstwiese sowie alte Obstsorten informiert.

Außenprojekte

- Hummelwerkstatt (Hummelzoo) mit Hummelgarten
- Insektenhotel mit Beobachtungskästen
- Ameisenterrarien (Formikarien)
- Landschaftskundlicher Merkpfostenpfad
- Kräutergarten

- Duftrondell
- Einfarbige Gärten (blau, rot, gelb, weiß) in allen Stadtteilen
- Ameisenlehrpfad in Kooperation mit der Ameisenschutzwarte Nordhessen in Planung

Führungen

- Natur-Erlebnisraum, Hummelwerkstatt
- Ameisen und Bach erleben

Öffnungszeiten:
ganzjährig nach Vereinbarung

Information und Anmeldung:
Claudia Thöne, Natur-Informationszentrum, „Haus des Gastes"
Hattenhäuser Weg 10 – 12
34311 Naumburg
Telefon: 05625 7909-73
Fax: 05625 7909-76
E-Mail: claudia.thoene@naumburg.eu
www.naumburg.eu

Die Hummelwerkstatt

Die Hummelwerkstatt (Hummelzoo) am Ortsausgang von Naumburg stellt einen besonderen außerschulischen Lernort dar. 1994 in Zusammenarbeit mit der Universität Kassel errichtet, beherbergt sie über das Sommerhalbjahr verschiedene Hummelvölker, die in einem speziellen Rotlichtraum quasi unter der Erde beobachtet werden können. In diesem Rotlichtraum (ca. 10 qm) stehen drei Schauanlagen (System Belgien und Prof. Witte, Universität Kassel), die eine Hummelnisthilfe enthalten, die die Hummeln über Röhren nach außen in den angrenzenden Hummelgarten mit seinen Hummel-

Mit einer Stereolupe werden Organismen aus einem Bach beobachtet und bestimmt. Foto: C. Thöne

Im Garten um das Gebäude der Hummelwerkstatt blühen für Insekten attraktive Pflanzen. Foto: C. Thöne

trachtpflanzen verlassen können. Hummeln nehmen Rotlicht nicht wahr und werden so während der Beobachtung nicht gestört. Hier erfolgt Information über den Nestbau, die Arbeitsteilung, die Größenunterschiede und Kasten, die Brutpflege u. a. In den letzten Jahren wurden hier Erdhummeln angesiedelt, die sich durch die Beobachtung am wenigsten stören lassen. Dem Rotlichtraum zugeordnet ist ein Schulungsraum, in dem an Präparaten der Lebenszyklus der Hummeln erklärt wird. Da Hummeln nur ein Jahr leben, Arbeiterinnen nur einen Sommer lang, fallen immer wieder tote Hummeln von Acker-, Garten-, Erd- und Steinhummel an. Auch Nester vergangener Jahre zeigen detailliert den typischen Hummelbau aus Wachstöpfen und gesponnenen Puppen.

Im angrenzenden Hummelgarten sind mehrere Hummelnistkästen aufgestellt. Hier werden die Besucher durch Arbeitsbögen bei der Beobachtung geleitet. Gezeigt werden soll hier im wesentlichen Flugfertigkeit, Sanftmut, unterschiedliche Sammelstrategien und Bestäubungsvorgänge. Die Besucher erfahren geruchliche Eindrücke über die verschiedenen Futterpflanzen und akustische Eindrücke durch fliegende Hummeln – bewusstes Erfahren mit allen Sinnen.

Seit 2005 wird die Hummelwerkstatt ergänzt durch zwei Ameisen-Terrarien der Ameisenschutzwarte Hessen, die im Schulungsraum die ökologisch

Die in der Hummelwerkstatt lebenden Hummeln sammeln Nektar und Pollen im Hummelgarten. Hier eine Erdhummel auf Rotem Sonnenhut. Foto: C. Thöne

wertvolle Funktion der Ameisen im Ökosystem Wald und die komplizierten Zusammenhänge dieser Lebensgemeinschaft erklärt.

Ein Insektenhotel, erbaut in Kooperation mit der Waldjugend Dörnberg, gibt Einblicke in das Leben solitär, also nicht im Staat lebender, Insekten. Beobachtungskästen zeigen die Brutröhren sowie das verschiedene Futter- und Nistmaterial.

Die „**Ameisenschutzwarte Hessen e. V.**" ist eine Einrichtung der Umweltbildung, die sich nicht nur auf den Standort „Hummelwerkstatt" in Kooperation mit dem Natur-Informationszentrum Naumburg beschränkt, sondern neben Wildbienen mit dem außerschulischen Projekt Lernort Natur „Thema Waldameisen" die Möglichkeit bietet, neben der Natur und Landschaft im Naturpark Habichtswald einen faszinierenden Einblick in die Lebens- und Verhaltensweise dieser kleinen Krabbeltiere, „den strategischen Riesen" im Ökosystem Wald, zu vermitteln. Durch Führungen, Vorträge und Seminare werden biologische Themen vertieft. Kooperationen mit weiteren Naturschutzverbänden und Einrichtungen ermöglichen ein umfangreiches Umweltbildungsangebot.

Ameisen-Terrarien in der Hummelwerkstatt Naumburg. Foto: Klaus-Berndt Nickel

Kinder erkunden das Leben der Waldameisen. Foto: Klaus-Berndt Nickel

Die Führungen bieten einen Einblick in das Leben am und um den Ameisenbau, zeigen die Wege der Ameisen zu den Nahrungsquellen auf dem Waldboden und an den Bäumen zu den Lachniden.

Zwischen dem Natur-Informationszentrum Naumburg und der Ameisenschutzwarte auf Bundes- und Landesebene bestehen enge Kooperationen bei der Entwicklung und Betreuung der Außenprojekte und Führungen, die vor allem Ameisen, Hummeln und das Insektenhotel betreffen.

Information und Anmeldung
Ameisenschutzwarte Hessen e. V.
Klaus-Berndt Nickel
Hainbuchenstraße 6
34270 Schauenburg
Telefon: 05601 1379
Fax: 05601 4559
E-Mail: KlausBNickel @t-online.de
www.ameisenschutzwarte.de

BioLeKa – biologische Lernorte in der Region Kassel
Claudia Thöne

BioLeKa ist eine Arbeitsgemeinschaft biologischer Lernorte in der Region Kassel, die mit ihren Ideen und Erfahrungen ein vielseitiges Programm für Personen und Gruppen anbietet, die am Naturerleben und an ihrer Umwelt interessiert sind.

Lernen in der Natur und aus der Natur für Schülerinnen und Schüler aus der Region Kassel

Für die verschiedensten Gruppen, z. B. für die 140 Schulen mit ihren ca. 60.000 Schülerinnen und Schülern, werden mit den Biologischen Lernorten in der Region Kassel für alle Bereiche der Natur spannende Angebote gemacht. Die Lehrkräfte werden an diesen Lernorten bei der Umsetzung zentraler Unterrichtsinhalte zur Umwelt- und Naturbildung praktisch unterstützt.

Die Kinder entdecken eine aufregende Natur, erweitern spielerisch ihr Wissen und erleben durch diese einfache Umsetzung eine spannende Art des Lernens. BioLeKa versteht sich als ein Beitrag zur nachhaltigen Umweltbildung. Sowohl Anregungen als auch die Mitarbeit an weiteren Lernorten zum Thema Natur sind erwünscht.

Zur Zeit sind 16 Einrichtungen in dieser Arbeitsgemeinschaft vertreten: Hessische Staatsdomäne Frankenhausen; Freilandlabor Dönche, Kassel; HESSEN-FORST – Waldpädagogik, Forstamt Wolfhagen; Naturkundemuseum im Ottoneum, Kassel; Natur-Informationszentrum Naumburg (Raum für Natur); Schulbiologiezentrum Kassel; Tierpark Sababurg; Waldschule, Kassel; Wassererlebnishaus Fuldatal; Lernhof Natur & Geschichte, Kassel; Kinderbauernhof Kassel e. V.; Ameisenschutzwarte Hessen e. V., Schauenburg; Kasseler Werkstatt – Naturerlebnispfad „Brüder Grimm", Kassel; Die Kräuterschule, Kassel; Lernort Natur mit den Hessenjägern, Kassel; Jütte's Weidberghof, Fuldatal-Simmershausen.

Internet: www.bioleka.de

Ecomuseum Habichtswald
Ute Rabant

Ecomuseen gehören in Frankreich fast schon zum Landschaftsbild und auch in Dänemark, Schweden und der Schweiz sind sie verbreitet. In Deutschland jedoch stellen sie eher eine Ausnahme dar, obwohl ihr Grundgedanke und ihre Konzeption auch hier geeignet sind, die landschaftstypische Geschichte und Kultur zu verdeutlichen und einen respektvollen Umgang mit Landschaft und Natur zu fördern.

In der nördlichen Spitze des Landes Hessen werden in zwei Landschaftsräumen Ecomuseen bereits seit einiger Zeit umgesetzt: Im nördlichen Landkreis Kassel besteht seit Mitte der neunziger Jahre das **Ecomuseum Reinhardswald**, im benachbarten Landschaftsraum gibt es seit 2001 das **Ecomuseum Habichtswald**. An der räumlichen Schnittstelle beider Ecomuseen befindet sich das Dörnberggebiet.

Beide Ecomuseen wollen ein Spiegel der regionalen Identität sein und darstellen, wie sich diese Identität historisch entwickelt hat, welche Veränderungen des Lebens-, Arbeits- und Naturraums sich daraus ergaben und wie bzw. wo diese bis heute nachvollziehbar sind. Getreu dem Motto „Man sieht nur, was man weiß" geht es darum, sowohl Gästen wie Bewohnern dieser Landschaftsräume sichtbar zu machen, welche wechselseitige Einflussnahme die Natur, der Mensch und die von ihm geleistete Arbeit aufeinander genommen haben und bis heute nehmen. Deshalb fehlt es in beiden Ecomuseen auch nicht an Exponaten und Ausstellungsstücken.

Das Ecomuseum Habichtswald bezieht sich landkreisübergreifend auf die Gebiete von Bad Emstal, Baunatal, Breuna, Fritzlar, Gudensberg, Habichtswald, Naumburg, Niedenstein, Schauenburg, Wolfhagen, Volkmarsen und Zierenberg. Es berücksichtigt damit Kommunen der Landkreise Kassel, Waldeck-Frankenberg und des Schwalm-Eder-Kreises und verdeutlicht, dass sich die Geschichte und Kultur von Landschaftsräumen nicht an administrativen Grenzen orientiert.

Auch im Ecomuseum Habichtswald zeigt sich die Geschichte und Kultur dieses Landschaftsraumes facettenreich: so ist die Verwurzelung des germanischen Volksstamms der Chatten in diesem Gebiet mittlerweile unumstritten, wenn auch noch unzureichend erforscht.

Auch vielfältige und historisch bedeutende archäologische Fundstätten wie z. B. das Steinkammergrab in Fritzlar-Züschen, zahlreiche Burgen und Schlösser wie z. B. der Falkenstein bei Bad Emstal, die Altenburg bei Niedenstein, die Weidelsburg bei Wolfhagen, das Schloss und der Schlosspark in Bad Emstal-Riede oder die Gudenburgen bei Zierenberg gibt es zu entdecken. Die Wandmalereien z. B. in der Stadtkirche Zierenberg oder viele Zeugnisse jüdischen Lebens ergänzen diese Angebote.

Zugleich zeichnet sich der Habichtswald durch einen Naturraum mit charakteristischen Besonderheiten aus. Zu nennen sind hier insbesondere das Naturschutzgebiet Dörnberg, die weiträumigen Landschaften z. B. rund um den Herkules und ausgedehnte Waldgebiete.

Viele Einrichtungen, Museen und Örtlichkeiten im Habichtswald erzählen darüber hinaus vom vergangenen wie heutigen Leben und Arbeiten in den Orten und der für die Region typischen „Alltagskultur". Verbindendes Glied dieses Landschaftsraums ist nicht zuletzt der seit mehr als vierzig Jahren bestehende Naturpark Habichtswald.

Die Ecomuseen sind deshalb keine Museen im klassischen Sinne. Ecomuseen machen vielmehr die gesamte Region zum Ausstellungsort und verzichten dabei auf feste, sichtbare Museumsgebäude und klar umrissene Ausstellungen. Sie verknüpfen die unterschiedlichsten regionalen Kultur- und Naturdenkmäler, Einrichtungen und Angebote, die gestern wie heute regionsspezifisch die Wechselwirkungen von Arbeit, Mensch und Natur verdeutlichen.

Ecomuseen wollen dabei nicht allein retrospektiv sein, wie man es von vielen Museen gewohnt ist, sondern auch Perspektiven ermöglichen und eine zukunftsfähige Verbindung zwischen Vergangenheit und Gegenwart schaffen. Sie sind somit auch Marketingkonzepte, welche geschichtliche wie aktuelle Mosaiksteine gleichermaßen erschließen und miteinander verknüpfen, für Besucher wie Bewohner Landschaftsbilder entstehen lassen oder den Blick für diese Bilder zumindest schärfen.

Eine weitere Besonderheit beider Ecomuseen ist deren Organisation, welche auf einer maximierten Nutzung regionaler Ressourcen aufbaut, die z. B. in Form von Fachwissen, Arbeitskraft oder Infrastruktur vorhanden und nutzbar sind. In weitgehend ehrenamtlich tätigen Arbeitsgruppen arbeiten Vertreter der Forstverwaltung, regionaler Museen, Bildungseinrichtungen, Geschichtsvereine oder ähnlicher Initiativen der Region an der Konzeption und Umsetzung der Ecomuseen. Sie alle bringen ihr spezifisches Fachwissen ein. Beratend und koordinierend unterstützt werden die Arbeitsgruppen dabei vom Verein „Region Kassel-Land e. V. – Touristik und Regionalentwicklung". In der Verknüpfung von ehrenamtlicher und hauptamtlicher Arbeit werden regelmäßig für beide Ecomuseen Veranstaltungsprogramme erstellt. In Vorträgen, Exkursionen oder Ausstellungen kann man dabei der Geschichte, Ökologie und Ökonomie der Landschaftsräume nachgehen. Die Erfahrungen mit den Veranstaltungsreihen zeigen, dass es mit kooperativen Ansätzen weitaus besser gelingt, Bewohner wie Gäste der Region dauerhaft für die Region und deren kulturgeschichtliche Vielfalt zu interessieren.

Darüber hinaus arbeiten beide Ecomuseen daran, Informationen über die reichhaltig vorhandenen regionalen Museen und Einrichtungen zur Entdeckung der regionalen Kultur, Geschichte und Natur sowie zu Führungsangeboten

(z. B. zu Kirchen, Klöstern und Friedhöfen, Stadt-, Dorf- und thematischen Führungen) zusammenzustellen, die Gruppen oder Einzelpersonen in die Lage versetzen, die Landschaftsräume der Ecomuseen auch individuell zu erkunden.

Wenn Sie mehr über die Ecomuseen Habichtswald und Reinhardswald erfahren oder Informationsmaterialien bestellen möchten, dann wenden Sie sich bitte an:

Region Kassel-Land e. V.
Touristik und Regionalentwicklung
Raiffeisenweg 2
34466 Wolfhagen
Telefon: 05692 987-3260
Fax: 05692 987-3261
E-Mail: info@region-kassel-land.de
www.ecomuseum-habichtswald.kassel-land.de
www.ecomuseum-reinhardswald.kassel-land.de

Naturschutzbund Deutschland
Hans-Bernd Schmidt

Seit Jahrzehnten aktiv für Natur und Umwelt

Der Kreisverband Kassel Stadt und Land e. V. im Naturschutzbund Deutschland (NABU) ist der Dachverband aller NABU-Gruppen in der Stadt und im Landkreis Kassel. Seit mehreren Jahrzehnten setzen wir uns aktiv für einen praktischen Naturschutz direkt vor unserer Haustür ein.

Unser breites Aufgabenfeld hat das Ziel bedrohte Lebensräume zu erhalten und Tiere und Pflanzen gezielt zu fördern. So gehören Pflegeeinsätze, Pflanzaktionen und Artenschutzmaßnahmen ebenso zu unseren Aufgaben wie eine aktive Jugendarbeit und ein breitgefächertes Vortrags- und Exkursionsprogramm.

Biotopschutz

Feldgehölze und Streuobstwiesen bereicherten einst allerorts unser Landschaftsbild. Mittlerweile selten geworden, stellen sie artenreiche und ansprechende Inseln in einer artenarmen Kulturlandschaft dar. Wir haben in den letzten Jahren bestehende Hecken und Gehölze erhalten und durch Flächenankauf oder Pacht neue Hecken und Streuobstwiesen angelegt. Die hier erzeugten Äpfel werden regional verarbeitet, und den Saft können Sie sich bei unseren Veranstaltungen schmecken lassen.

Biotoppflege

Magerrasen sind ein artenreicher und vielgestaltiger Lebensraum, der seinen Ursprung einem nährstoffarmen Standort verdankt. Die Offenhaltung dieser Extremstandorte, die ohne Nutzung und Pflege verbuschen, wurde einst von Ziegen und Schafen erledigt und muss heute vielfach von Hand geleistet werden. Beispiele von Magerrasen in der Region, die von uns gepflegt werden sind der „Dingel" bei Hofgeismar, das Naturdenkmal „Rohrköppel" nahe Oberelsungen und das Naturschutzgebiet „Hute vor dem Bärenberg" in

Altenhasungen. Erhalt und Entwicklung von Feuchtbiotopen wird bei uns groß geschrieben: Pflege der Vogelschutzinsel in der Kasseler Fuldaaue mit Einsatz eines Schlauchbootes, Pflanzen von Ufergehölzen oder das Anlegen von Teichen in unseren Schutzgebieten wie die „Retteln" in Fuldatal, die „Bruchwiesen" in Kaufungen, „An den Rauthen" bei Breuna, „Warmeaue" bei Habichtswald oder „In den Ulswiesen" bei Bad Emstal sind einige gute Beispiele.

Artenschutz
Wir beraten Sie beim Umbau von Gebäuden und bieten unsere Unterstützung beim Errichten neuer Quartiere für Tiere an. In Bründersen konnte so aus einem Trafohäuschen das erste „Fledermaushotel" im Landkreis entstehen. Daneben können Sie im Rahmen der „Batnight" die heimischen Fledermäuse bei abendlichen Detektorgängen und Vorträgen kennen lernen. Vogelschutz hat beim NABU Tradition. Wir betreuen seit mehr als 50 Jahren Nistkästen. Beim Aktionstag „Stunde der Gartenvögel" können Sie selbst zum Forscher werden und uns beim bundesweiten „Monitoring" helfen.

Kinder und Jugend
Kindern und Jugendlichen die Natur näher zu bringen, ist eines unserer wichtigsten Ziele. Spielerisch, informativ und zwanglos ermöglichen wir Kindern und Jugendlichen Natur zu erleben und erste Erfahrungen als „Wissenschaftler" zu sammeln. Die Füchse in Kaufungen und die Kindergruppe in Kassel freuen sich auf neue „Naturforscher".

Machen Sie mit, aktive Mitarbeit lohnt sich
Bei uns lernen Sie die Natur vor Ihrer eigenen Haustür kennen.
Mit praktischer Naturschutzarbeit „verschönern" Sie Ihr persönliches Umfeld.
Sie können uns auch mit Ihrer Mitgliedschaft helfen, denn ein mitgliedsstarker Verband findet Gehör.
Zudem bekommen Sie regelmäßig die Zeitschrift „Naturschutz heute" des Bundesverbandes und bleiben stets „up to date".
Internet: www.NABU-Kreis-Kassel.de
E-Mail: info@NABU-Kreis-Kassel.de
Postanschrift:
Hans-Bernd Schmidt
Wolfhager Straße 47
34308 Bad Emstal

Heckenpflanzung im NABU Schutzgebiet Rohrköppel Oberelsungen.
Foto: Otto Reinhard

Wander- und Freizeitgebiet Dörnberg

Alle Wander- und Radwege im Naturpark Habichtswald und im Dörnberggebiet, die in den aktuellen Topographischen Freizeitkarten 1:50.000 der Landesvermessungsämter Hessen und Nordrhein-Westfalen enthalten sind, werden vom „Hessisch-Waldeckischen Gebirgs- und Heimatverein e. V." (HWGHV) nach vorgegebenen Regeln markiert und betreut. Zusätzlich bestehen lokale markierte Wanderwege, die z. B. von Ortschaften, Haltepunkten öffentlichen Verkehrsmittel und Parkplätzen ausgehen und meist als Rundwege angelegt sind.

Bekannteste Wanderwege am Dörnberg sind der „Alpenpfad" am Mittelhang im NSG und der „Jägerpfad" am unteren Rand des Berges, die durch Steige miteinander verbunden sind. Am Alpenpfad bietet auf halber Strecke die „Alpenpfadhütte" Schutz- und Rastmöglichkeit, am Jägerpfad die „Enzianhütte". Am Rand der Rinderweide führt ein weiterer Weg oberhalb der Kalk-Halbtrockenrasen entlang, der schöne Weitblicke in das Wolfhager Land ermöglicht. Die Rinderweide mit den Höhen „Kessel" und „Helfensteine" ist frei zugänglich, bei Segelflugbetrieb müssen die Hinweise beachtet werden.

Der Aufstieg zum „Hohen Dörnberg" bietet beste Ausblicksmöglichkeiten in alle Himmelsrichtungen bis in die benachbarten Bundesländer (s. S. 78–80). Ausgangspunkte sind z. B. der Parkplatz am Naturparkzentrum Habichtswald, Zierenberg-Friedrichstein und die Orte Dörnberg, Weimar und Fürstenwald. Beispiele für Ausgangspunkte im Nahbereich des Dörnbergs

- Bahnhof Zierenberg und Wandertafel am Obertor
- Marktplatz in Zierenberg
- Parkplatz am Campingplatz Zierenberg unterhalb des NSG
- Parkplatz am Schwimmbad Zierenberg mit Wanderungen zum Schreckenberggebiet und Ausgangspunkt zum NSG
- Parkplatz mit Infohütte am Naturschutzgebiet Dörnberg auf dem Weg zum Naturparkzentrum Habichtswald
- Parkplatz am „Naturparkzentrum Habichtswald"
- Parkplatz am Bergcafé Friedrichstein
- Sportplatz in Dörnberg
- Bahnhof Calden-Fürstenwald

Wanderwege
- Von Weimar führt der Wanderweg ⊥ 35 zu den Helfensteinen.
- Von Wilhelmsthal kommend führt der Wanderweg Δ 71 über Fürstenwald an den Kopfsteinen vorbei durch den Bornegrund zum Parkplatz am Beginn des Alpenpfads.
- Von Fürstenwald ist ein Wanderweg mit ^ 32 ausgeschildert, der durch den Postenberg zum Naturparkzentrum und weiter über den Dörnberg zum Hohen Gras leitet.
- Ein Teilstück des Weges II 13 von der Weser (Vaake) kommend erschließt von Fürstenwald den Bereich zu den

Jäger- und Alpenpfad führen durch die artenreichen Kalk-Halbtrockenrasen und bieten dem Wanderer in der parkartigen Landschaft Blühaspekte im Nahbereich und Ausblicke in die Ferne.

Helfensteinen und leitet den Wanderer im Habichtswald weiter zum Hohen Gras, Herbsthäuschen und Druseltal.
- Der **Fulda-Diemel-Weg F 07** ist ein Fernwanderweg, der von Kassel durch den nördlichen Habichtswald, über den Dörnberg, an den Schreckenbergen vorbei, über die Schartenburg nach Laar führt. Er erreicht bei Liebenau die Diemel und ist weiter bis Bad Karlshafen markiert.

Der „**Eco Pfad Archäologie Dörnberg**" beginnt am Parkplatz vor dem Naturparkzentrum und leitet zu den Stationen Helfenstein, Hohlestein, Dörnberg und Wichtelkirche, die alle mit Informationstafeln bestückt sind. Internet: www.landkreiskassel.de/download/paper/info/freizeit/Pfad-Doe.pdf

Eine Teilstrecke des „**Märchenlandwegs**" führt von Zierenberg über den „Jägerpfad" zur „Wichtelkirche", über das Segelfluggelände und auf dem Fulda-Diemel-Weg F zum „Hohlestein" nach Ahnatal-Weimar.

Neu eingerichtet wird der „**Habichtswaldsteig**", ein Premiumwanderweg, der von Zierenberg über den Großen Schreckenberg, den Alpenpfad, zum Hohen Dörnberg und weiter zum Herkules durch den Habichtswald bis zum Edersee geplant ist. Von diesem Leitweg werden neun Extratouren ausgehen. Die Eröffnung ist 2011 geplant.

Am Wanderweg vom Naturparkzentrum nach Fürstenwald befindet sich im Wald ein Grenzstein, der als „Dreiländereck" das Zusammentreffen der ehemaligen Landkreise Kassel, Wolfhagen und Hofgeismar kennzeichnet.

Ein Wintermärchen: Vom Märchenlandweg an der Wichtelkirche geht der Blick zum verschneiten Hohen Dörnberg. (Aufnahme 2. Janur 2010)

Bahnstationen bestehen in Zierenberg und Calden-Fürstenwald. Der Hohe Dörnberg ist taeglich mit der Linie 117 des NVV vom Bahnhof Zierenberg zu erreichen. Informationen und Bestellung des Anrufsammeltaxis (AST) unter Telefon: 05692 993899. Auskunft auch beim Naturparkzentrum Habichtswald Telefon: 05606 533266 und 533327.

Freizeit-, Wander- und Radkarten

Die aufgeführten Wander- sowie Radwege sind in folgenden Karten dargestellt:
- Naturpark Habichtswald Reinhardswald, Topographische Freizeitkarte 1:50.000 (TF 50-HR). Hrsg. 2003: HWGHV und Hessischen Landesvermessungsamt

Die Helfensteine sind ein Anziehungspunkt für Kinder zum Klettern, für Erwachsene zum Genießen des Ausblicks und um an dem einzigartigen Ort Kraft zu tanken.

- Mittleres Diemeltal und Warburger Börde, Freizeitkarte 1:50.000. Hrsg. 1996: Landesvermessungsamt Nordrhein-Westfalen
- Naturpark Habichtswald, Rad- & Wanderkarte 1:33.000. Hrsg. 2007: Kartographische Kommunale Verlagsgesellschaft
- Habichtswald – von Kassel bis Twiste- und Edersee, Rad- und Wanderkarte 1:33.333. Hrsg. 2004: GEO-Verlag, Kaufungen
- Zierenberg, Rad- & Wanderkarte 1:25.000 mit Ortsplan 1:8.000, Vorstellung der Ausflugsziele & Sehenswürdigkeiten. Hrsg. 2009: Kartographische Kommunale Verlagsgesellschaft. (Die Karte ist die aktuellste über das beschriebene Dörnberggebiet, die auch die neuen Freizeiteinrichtungen enthält.)

Segelflug auf dem Dörnberg

Auf dem Dörnberg wurde 1924 der Segelflugplatz eingeweiht. Nach der Wasserkuppe und Rossitten wird hier die drittälteste Segelflugschule der Welt betrieben. In der ersten Hälfte des 20. Jahrhunderts wurde mit einem Gummiseil gestartet, bei dem eine Haltemannschaft das Flugzeug festhielt und eine Startmannschaft von acht bis zehn Fliegern ein Gummiseil wie eine Zwille spannte. Wenn die Spannung groß genug war, ließ die Haltemannschaft los und der Segler schoss in die Luft. Später wurden die Segler mit einer motorbetriebenen Seilwinde gestartet.

Die „Flugsportvereinigung Kassel-Zierenberg e. V." wurde im Mai 1950 gegründet. Der Verein umfasst sowohl den manntragenden Segelflug als auch den Modellflug. Er hat seinen Standort im Segelfliegerlager auf dem Dörnberg. Von Ende März bis Anfang November wird bei geeignetem Wetter an Wochenenden und Feiertagen geflogen; zusätzlich finden Lehrgänge statt.

Weitere Informationen im Internet unter: www.fsv-Kassel.de

Das Segeln am Dörnberg ist eine Attraktion für Flugbegeisterte. Besucher verfolgen interessiert das Zusammenwirken von Technik und Natur bei Start und Landung und das Schweben wie die Vögel in den Aufwinden.
Foto: Tobias Kill

Blick vom Hohen Dörnberg nach Südwesten über das Warmetal, den Habichtstein, Gut Bodenhausen nach Burghasungen. Hinter dem Burghasunger Berg liegt die Weidelsburg vor den Höhenzügen im Waldecker Land. Die markante Bergkuppe rechts ist der Istaberg.

Blick vom Hohen Dörnberg nach Westen über die reich strukturierte Agrarlandschaft zum Rohrberg, Bärenberg und Großen Gudenberg.

Blick vom Hohen Dörnberg über das Heilerbachtal auf die Südhänge des NSG im Jahr 2006 mit Zierenberg, Friedrichsaue und den Gudenbergen, Falkenberg und Escheberg; im Hintergrund die bewaldeten Höhenzüge des „Naturparks Eggegebirge und Südlicher Teutoburger Wald".

Blick vom Hohen Dörnberg nach Norden mit Helfensteinen, Calden-Ehrsten, -Meimbressen, -Fürstenwald und Calden. Im Hintergrund Berge bei Hofgeismar und der Reinhardswald.

Blick vom Hohen Dörnberg Richtung Osten auf Ahnatal-Weimar, -Heckershausen, Espenau-Hohenkirchen und Vellmar. Die bewaldeten Höhenzüge im Hintergrund sind Reinhardswald und Kaufunger Wald.

Blick vom Hohen Dörnberg nach Süden über die Gemarkung von Dörnberg zum Habichtswald mit dem Auskopf und dem 575 m hohen Essigberg, der sich mit seinem Fernsehturm über die Landschaft erhebt.

Ein lohnendes Wanderziel oberhalb des Warme- und Heilerbachtals bei Zierenberg sind das Naturschutzgebiet Dörnberg mit dem Alpen- und Jägerpfad und die offenen Weideflächen mit den Basaltkuppen des Großen und Kleinen Kessels.
Foto 2006 © George Reinhart

Zentrum Helfensteine

George Reinhart
Auf dem Dörnberg 13
34289 Zierenberg
Telefon: 05606 533532
www.helfensteine.de

Ein ganzheitliches Heil- und Seminarzentrum wird seit 2006 auf dem Dörnberg von Monika und George Reinhart betrieben. Sie haben das Areal des ehemaligen Jugendhofs des Landes Hessen mit seinem weiträumigen Park und Gebäuden gekauft und zum „Zentrum Helfensteine" mit Seminarhaus, Theatersaal, Unterkunftshäusern, einem Restaurant und Café eingerichtet.

Neben einem ganzheitlichen Therapieangebot und Seminarbetrieb bietet das Zentrum auch zahlreiche Aktionen für kulturell Interessierte. Künstler und Gruppen nutzen das einzigartige Areal für ihr kreatives Schaffen. Ausstellungen im Rezeptionsbereich, Konzerte und Theateraufführungen im bis zu 400 Menschen fassenden Theatersaal sowie Aktionstage und vieles mehr auf dem parkartigen Gelände sorgen für ein inhaltsreiches Erleben. Weiterhin ist das Zentrum Helfensteine mit seiner Gastronomie und der großen Terrasse mit freiem Blick zu den Helfensteinen ein begehrter Rast- und Treffpunkt für Dörnbergbesucher (s. Einkehrmöglichkeiten S. 83). Das Zentrum bietet zudem Übernachtungsmöglichkeiten für bis zu 50 Gäste oder Seminarteilnehmer.

Im Gebäudekomplex des ehemaligen Jugendhofs am Dörnberg befindet sich seit 2006 das „Zentrum Helfensteine" und das Restaurant „Café Eden".

Einkehrmöglichkeiten im Dörnberggebiet

Wanderer und Gäste können sich auf dem Dörnberg im Café und Restaurant „Dörnberghaus" (seit 1968 betrieben), „Bergcafé-Friedrichstein" (2004 eröffnet) und „Café Eden – Restaurant" (2006 eingerichtet) bewirten lassen. Am Rand von Zierenberg im Tal der Warme befindet sich ein Campingplatz mit dem „Gasthaus zur Warme", in Fürstenwald im ehemaligen Bahnhof ein Café.

Bergcafé Friedrichstein
Horst Fröhlich, Friedrichstein 7
34289 Zierenberg
Telefon: 05606 5310000
www.bergcafe-friedrichstein.de
Geöffnet: 14 – 22 Uhr,
Sonntag 11 – 22 Uhr, Dienstag Ruhetag

Café Bahnhof Fürstenwald
Kordula Klose, Bahnhofstraße 34
34379 Calden-Fürstenwald
Telefon:/Fax: 05609 2095
Geöffnet: ganzjährig
Freitag und Samstag 12 – 20 Uhr,
Sonntag 13 – 20 Uhr,
Mai bis September bis 21 Uhr

Café und Restaurant Dörnberghaus
Kurt Schafft, Auf dem Dörnberg 11
34289 Zierenberg
Telefon: 05606 8500
www.helfensteine.de
Geöffnet:
Sommer 11.30 – 21.00,
Winter 11.30 – 19.00 Uhr;
Montag und Dienstag Ruhetag

Gasthaus zur Warme
(am Campingplatz)
A. Bachmann und D. Kirchberg
Im Nordbruch 2
34289 Zierenberg
Telefon: 05606 3966
Geöffnet:
Montag – Freitag ab 15 Uhr,
Samstag – Sonntag und Feiertage ab 11 Uhr

Restaurant „Café Eden"
Monika Reinhart
Auf dem Dörnberg 13
34289 Zierenberg
Telefon: 05606 533227
Geöffnet:
Dienstag bis Donnerstag 12 – 17 Uhr,
Freitag bis Sonntag 10 – 18 Uhr,
Montag Ruhetag.
Gruppen mit Voranmeldung auch außerhalb der Öffnungszeiten.
Übernachtungsmöglichkeiten für bis zu 50 Personen.

Wo erfahre ich mehr?

Stadt Zierenberg
Bei der Stadtverwaltung in Zierenberg befindet sich das Fremdenverkehrsbüro. Hier können Sie Informationsmaterial und Auskünfte erhalten:
Magistrat der Stadt Zierenberg
Poststraße 20
34289 Zierenberg
Telefon: 05606 5191-0
E-Mail: info@stadt-zierenberg.de
www.stadt-zierenberg.de

Der „**Fremdenverkehrsverein Zierenberg e. V.**" gibt Auskunft für Gäste mit einer Informationsmappe sowie dem Internetauftritt:
www.tourist-info-zierenberg.de
über die historische Fachwerkstadt mit alter Stadtmauer, das älteste erhaltene Fachwerkrathaus Hessens aus dem Jahr 1450, die gotische Kirche mit Wandmalereien aus dem 14. und 15. Jahrhundert und über die Geschichte der Stadt. Führungen durch die Stadt, die Evangelische Stadtkirche, das Naturschutzgebiet Dörnberg, die Mühle Laar mit dem Mühlenmuseum und das Klostermuseum Burghasungen sowie Kirche und Berg Burghasungen können angemeldet werden unter:

Fremdenverkehrsverein Zierenberg e.V.
Poststraße 20
34289 Zierenberg
Telefon: 05606 519125
E-Mail: touristinfo@stadt-zierenberg.de

Lohnende Wanderziele um Zierenberg sind z.B. die Aussichtstürme auf dem Großen Schreckenberg (460 m) und Bärenberg (599 m), die Ruine Schartenburg und die Reste der Burgen im Oberen Warmetal sowie die Parkanlage am Gut Escheberg. Stille Erholung, Führungen und Veranstaltungen machen Lust, Zierenberg zu besuchen. Gastronomie und Unterkünfte laden zum Verweilen ein. Sportbegeisterte können beim Segelfliegen auf dem Dörnberg und beim Golfen in Escheberg ihrem Hobby nachgehen.

Naturparkzentrum Habichtswald
Auf dem Dörnberg 13
34289 Zierenberg
Telefon: 05606 533-266 und 533-327
www.naturpark-habichtswald.de
Veranstaltungskalender liegen im Naturparkzentrum und bei den Gemeinden im Naturpark Habichtswald aus und sind auf der oben genannten Internetseite veröffentlicht.

Region Kassel-Land e. V.
– Touristik und Regionalentwicklung
Raiffeisenweg 2
34466 Wolfhagen
Telefon: 05692 987-3260
E-Mail: info@region-kassel-land.de
www.ecomuseum-habichtswald.kassel-land.de

Schneewanderungen, Schlittenfahren und Langlauf im Dörnberggebiet sind besondere Wintererlebnisse.

Literatur und Quellen

Bergmann, J. 1964: Urgeschichte des Wolfhager Landes. Hess. Landesmuseum Kassel (Hrsg.) Führer zur nordhessischen Ur- und Frühgeschichte 3. 57 S.

Beinlich, B., Eckstein, R. & Klein, W. 1997: Mittelfristiger Pflegeplan für das Naturschutzgebiet „Dörnberg" – Laufzeit 1997 – 2006. – RP Kassel – Abteilung Naturschutz. Unveröff.

Balhar, M. 1993: Zierenberg im 19. Jahrhundert. In: Magistrat der Stadt Zierenberg (Hrsg.): Zierenberg 1293 – 1993. Ausgewählte Aspekte aus 700jähriger Geschichte. Zierenberg. S. 90 – 130

Braunewell, R. 1986: Bewirtschaftung des Dörnbergs mit Schafen und Ziegen. – Unveröff. Dipl. Arb. GH Kassel. 150 S.

Bönsel, D. & Gregor, T. 2007: Der Lothringer Lein (Linum leonii) in Hessen. – Botanik & Naturschutz in Hessen 19: 27 – 41

Bogon, K. 1990: Landschnecken. Biologie, Ökologie, Biotopschutz. – Natur-Verl. 404 S.

Fartmann. T. & Hermann, G. (Hrsg.) 2006: Larvalökologie von Tagfaltern und Widderchen in Mitteleuropa. – Abh. Westfäl. Museum Naturkde. 68 (3/4)

Fartmann, T. 2004: Die Schmetterlingsgemeinschaften der Halbtrockenrasen-Komplexe des Diemeltales. Landschaftsverband Westfalen-Lippe, Münster. 256 S.

Flugsportvereinigung Kassel-Zierenberg e. V. 2000: Der Dörnberg – 50 Jahre Flugsportvereinigung Kassel-Zierenberg e. V. 83 S.

Germeroth, R., Koenies, H. & Kunz, R. 2005: Natürliches Kulturgut. Vergangenheit und Zukunft der Naturdenkmale im Landkreis Kassel. – Cognitio Niedenstein. 192 S.

Glavac, V. & Schlage, R. 1978: Soll die Eigenart der Landschaft am Kleinen Dörnberg bewahrt werden. – Naturschutz Nordhessen 2: 31 – 45

Hahn, Th., Durka, W. & Becker, TH. 2008: Populationsgenetische Hinweise auf eine rezente Arealexpansion des mitteleuropäischen Endemiten Linum loenii. – Naturschutz & Biologische Vielfalt 60: 87 – 92. BfN (Hrsg.)

Hederich, H. 1962: Zierenberg in Geschichte und Gegenwart. 227 S.

Hoffmann, R. 1993: Zur Geschichte und Gegenwart der Waldentwicklung am Dörnberg. – Jahrb. '94 Landkreis Kassel: 43 – 48

Kappel, I. 1993: Archäologische Fundstellen und Funde aus vorgeschichtlicher Zeit im Stadtgebiet von Zierenberg. In: Magistrat der Stadt Zierenberg (Hrsg.) 1993: Zierenberg 1293 – 1993. Ausgewählte Aspekte aus 700jähriger Geschichte. S. 36 – 41

Kerney, M. P., Cameron, R. A. D. & Jungbluth, J. H. 1983: Die Landschnecken Nord- und Mitteleuropas. – Parey 384 S.

Knappe, R. 2000: Mittelalterliche Burgen in Hessen. Wartberg-Verl. 600 S.

Kneipp, J. 1996: Versunkene Kulturen zwischen Bauna und Diemel – Verein f. hess. Geschichte u. Landeskde. e. V., Zweigverein Hofgeismar. 80 S. u. Karte.

Kunz, R. (Bearb.) 1992: Geologie des Wolfhager Landes. – Schriftenr. des Vereins Kreisheimatmuseum Wolfhagen, Reihe Museumsführer Band 10: 100 S.

Kunz, R. 1993: Die Geologie des Dörnberggebietes. – Jahrbuch '94 Landkreis Kassel:

Laczny, Chr. 2010: Tagfaltermonitoring Deutschland – Bericht zur Erfassung im Naturschutzgebiet Dörnberg, Landkreis Kassel, im Jahr 2009. – Unveröff. 40 S.

Landkreis Kassel 1993: Beiträge zum Dörnberg und zu seiner Region. Jahrbuch '94 Landkreis Kassel: 7 – 51

Landkreis Kassel 2006: Eco Pfad Archäologie Dörnberg. Faltblatt

Lucan, V. & Nitsche, L. 1999: Feldlerche und Wiesenpieper im Kasseler Raum. – Jahrb. Natursch. Hessen 4: 178 – 183

Magistrat der Stadt Zierenberg (Hrsg.) 1993: Zierenberg 1293 – 1993

Ausgewählte Aspekte aus 700jähriger Geschichte. 246 S.
Martus, S. 2009: Die Brüder Grimm – eine Biographie. 2. Aufl. Rowohlt, Berlin. 608 S.
Meinecke, Th. & Menge, K. 2004: Grunddaten FFH-Gebiet „Dörnberg, Immelburg und Helfenstein. Unveröff. 213 S. + Karten und Anhang
Meinecke, Th. & Krügener, A. 2005: Natur und Nutzung im FFH-Gebiet „Dörnberg, Immelburg und Helfenstein" bei Zierenberg (Landkreis Kassel).
– Jahrb. Naturschutz Hessen 9: 138 – 153
Mertl, P. 2009: Archäologen, Maulwürfe und Kulturlandschaft.
– Jahrb. 2010 Landkreis Kassel: 6 – 12
Naturkundemuseum Kassel 2009: Böden im Raum Kassel
– Eine Sammlung charakteristischer Bodenprofile in Nordhessen. 21 S.
Nitsche, L. 1990: Vegetation und Vogelbestände am Dörnberg (Kreis Kassel).
– In: Zeitschr. Vogelkde. & Natursch. – Vogel & Umwelt 6: 101 – 128
Nitsche, L. 2008: 30 Jahre Naturschutzgebiet Dörnberg. – Jahrb. Landkreis Kassel 2009
Nitsche, L. & Nitsche, S. 1998: Artenreiche Buchenwälder und Edellaub-Mischwälder zwischen unterer Diemel und unterer Eder (Nordhessen). – Jahrb. Natursch. Hessen 3: 169 – 189
Nitsche, L., Nitsche, S. & Lucan, V. 1988 und 1990: Flora des Kasseler Raumes Teil I & II.
– Naturschutz Nordhessen Sonderheft 4 & 5
Nitsche, S. & Bultmann, M. 1995: Magerrasen und Heiden im Raum Kassel. Naturschutz in Hessen. 108 S.
Nitsche, S. & Nitsche, L. 1993: Beobachtungen aus der Pflanzen- und Tierwelt um Zierenberg. – In: Magistrat der Stadt Zierenberg (Hrsg.): Zierenberg 1293 – 1993. Ausgewählte Aspekte aus 700jähriger Geschichte. Zierenberg. S. 32 – 36
Probst, E. 1986: Deutschland in der Urzeit. Von der Entstehung des Lebens bis zum Ende der Eiszeit. München. 479 S.
Rippe, K. P. 1991: Nordhessens Sagen. – Wartberg-Verl. 175 S.
Rösing, F. 1969: Erläuterungen zur Geologischen Karte von Hessen 1:25.000, Blatt Nr. 4622 Kassel-West, Wiesbaden. 205 S.
Schoenichen, W. (Hrsg.) 1926: Beiträge zur Naturdenkmalpflege; Band 11, S. 271.
Seifert, B. 2007: Die Ameisen Mittel- und Nordeuropas. – Lutra, Görlitz/Tauer. 368 S.
Settele, J., Feldmann, R. & Reinhardt, R. 2000: Die Tagfalter Deutschlands.
– Ulmer, Stuttgart. 452 S.
Sippel, K. 1993: Zum Hohlestein. Anmerkungen zu einer vorgeschichtlichen Wallanlage.
– Jahrb. '94 Landkreis Kassel: 20 – 22
Weidemann, H. J. 1995: Tagfalter beobachten, bestimmen. 2. Aufl. – Naturbuch-Verl. 659 S.
Botanische Literatur:
Gibbons, B. & Brough 1998: Der große Kosmos-Naturführer Blütenpflanzen.
Franckh-Kosmos, Stuttgart. 338 S.
Haeupler, H. & Muer, T. 2000 : Bildatlas der Farn- und Blütenpflanzen Deutschlands.
Ulmer, Stuttgart. 759 S.
Hegi, G.: Illustrierte Flora von Mitteldeutschland, Bd. 1 – 7, 1. – 3. Aufl. 1939 – 1974 München, 1975 ff Berlin
Oberdorfer, E. (Hrsg.) 2001: Pflanzensoziologische Exkursionsflora für Deutschland und angrenzende Gebiete. – 8. Aufl. Ulmer, Stuttgart . 1.051 S.
Rothmaler, W. (begr.): Exkursionsflora von Deutschland, Bd. 3 Gefäßpflanzen: Atlasband – 9. Aufl. 1995 – Fischer Jena. 754 S.; Bd. 4 Gefäßpflanzen: Kritischer Band – 9. Aufl. 2002, Spectrum Akademischer Verl. Heidelberg, Berlin. 948 S.
Schmeil-Fitschen 2009: Flora von Deutschland und angrenzender Länder. 94. Aufl. Quelle & Meier. 863 S.

Zeittafel für das Dörnberggebiet

um 3.600 v. Chr.	Funde aus der Jungsteinzeit am Dörnberg
um 600 v. Chr.	Wallanlagen am Dörnberg und der Immelburg aus der Eisenzeit. Funde lassen auf eine große Siedlung (Burg und Vorburg) schließen.
6./5. Jh. v. Chr.	Keramikscherben an den Helfensteinen weisen auf Besiedlung bzw. Nutzung durch Menschen hin.
1.071 n. Chr.	Kaiser Heinrich IV. verschanzt sich auf dem Dörnberg, währenddessen sein Gegner Otto von Nordheim auf dem Burghasunger Berg lagert.
11./14. Jh.	In der jetzigen Gemarkung von Zierenberg bestehen die dörflichen Siedlungen Lutwardessen, Rohrbach, Wichmanessen, Hilboldessen und Rangen (1596 Neugründung eines Hofes), die wüst gefallen und deren Bewohner vermutlich in die neu gegründete Stadt umgesiedelt sind.
11. bis 13. Jh.	Die Freiherrn von Dörnberg leben in der Gegend, sie sind Namensgeber der Ortschaft Dörnberg.
1074	In einer Schenkungsurkunde an das Kloster Hasungen werden die Kirchen in Dörnberg und Ehlen erwähnt.
12./13. Jh.	Auf den Helfensteinen wird eine kleine hochmittelalterliche Burg vermutet (Scherbenfunde).
12./13. Jh.	Kleine mittelalterliche Burg auf dem Blumenstein = Wichtelkirche (urkundliche Erwähnung und Keramikfunde)
1293	Gründung der Stadt Zierenberg und Kirche
1450	Errichtung des Zierenberger Rathauses; es ist das älteste gotische Fachwerk-Rathaus in Hessen.
1705 bis 1715	Auf der Schleensteinschen Karte des Amtes Zierenberg sind auf der Immelburg, dem „Dürren Berg" (Dörnberg) und dem Blumenstein (Wichtelkirche) Burgen (bzw. Ruinen) eingezeichnet.
1777	Gründung der Kolonien Friedrichstein und Friedrichsaue
um 1850	Pflanzung der Hutewälder am Dörnberg
1859	Die „Niveau Karte des Kurfürstenthums Hessen" zeigt das Dörnberggebiet als waldfreie Fläche. Lediglich an der Südseite des Dörnbergs und östlich der Immelburg ist Wald eingezeichnet.
ca. 1880 bis 1930	Das Gelände zwischen Friedrichstein und Kessel wird als Schießplatz von in Kassel stationierten Einheiten genutzt.
1895 bis 1897	Bau der Bahnstrecke mit Tunnel und Viadukt
1913	Helfensteine, Blumenstein und ein am Nordabhang des kleinen Gudensberg gelegener kleiner Plenterwald mit dem Fliegenküppel wird von der Stadt Zierenberg unter Naturschutz gestellt.
1923	Erste Gleitversuche der Segelflieger auf dem Dörnberg

1924	Einweihung des Segelflugplatzes auf dem Dörnberg mit Bau eines Unterkunfthauses
1925	Bau einer Flugzeughalle
1933 bis 1945	Die zivile Fliegerei wird eingestellt und das „Nationalsozialistische Fliegerkorps" übernimmt 1937 das Fliegerlager und bildet bis zum Kriegsende im Einsitzer aus.
1945	Verbot der Fliegerei, der Ausbildung und des Baus von Flugzeugen durch die alliierten Siegermächte
Nach 1945	Gebäude am Fliegerlager werden zunächst von Amerikanern, dann als Lager für Fremdarbeiter, Flüchtlingsunterkunft und Kinderheilstätte genutzt.
1949 bis 1955	Quarzitsteine werden vom Dörnberg, vor allem im Bereich um den Kessel, abgebaut und als hochfeuerfeste Steine in der Schwerindustrie verarbeitet.
1947 bis 1949	Ein schmaler Pfad, der Panoramaweg, wird von Mitgliedern des Hessisch-Waldeckischen Gebirgs- und Heimatvereins (HWGHV) am Kleinen Dörnberg zum „Alpenpfad" ausgebaut.
1951	Das Dörnberggelände wird für den Flugsport wieder freigegeben.
1953	Ein Teil der Gebäude am Fliegerlager wird vom Land Hessen übernommen und als Jugendlager fortgeführt; Schulklassen und Jugendgruppen nutzen die Häuser.
1962 bis 1964	Bau einer neuen Flugzeughalle
1962	4. Mai: Gründungsversammlung des „Naturparks Habichtswald", dem vierten hessischen Naturpark, in Zierenberg
1963/64	Hüten von Rindern wird aufgegeben; die Großviehweide wird eingezäunt und als Standweide genutzt
1963 bis 2000	Der Jugendhof Dörnberg als staatliche Jugendbildungsstätte des Landes Hessen wird 1963 erbaut und bis 2000 betrieben.
1968	„Café und Restaurant Dörnberghaus" wird eröffnet
1978	Naturschutzgebiet „Dörnberg" wird mit 110 ha ausgewiesen
2004	Bergcafé Friedrichstein wird eröffnet
2005	M. und G. Reinhart erwerben den ehemaligen Jugendhof vom Land Hessen und beginnen mit der Einrichtung eines Heil- und Seminarzentrums, gleichzeitig wird das Restaurant „Café Eden" eröffnet.
2006	Eco Pfad Archäologie Dörnberg wird eingeweiht
2008	FFH-Gebiet „Dörnberg, Immelburg und Helfenstein" wird mit 435 ha ausgewiesen
2008 bis 2010	Archäologen der Universität Mainz untersuchen den Dörnberg.
2009	9. August: Einweihung des Naturparkzentrums Habichtswald auf dem Dörnberg mit Ausstellungsetage, Seminarraum und Büroräumen

Register vorgestellter Arten bzw. Gattungen, Familien, Ordnungen

Pflanzen:	**Seite**		
Distel	41	Sonnenröschen	40
Doldengewächse	37	Steinbrech	34
Eberwurz	40	Süßgräser	42
Ehrenpreis	36	Veilchen	28
Erdbeere	40	Wegerich	37
Fingerkraut	34	Wiesenknopf	36
Fransenenzian	41		
Frauenmantel	35	**Gehölze:**	
Gamander	39	Elsbeere	44
Glockenblume	38	Hartriegel	45
Hahnenfußgewächse	34	Rose	45
Katzenpfötchen	34	Schwarzdorn	44
Kratzdistel	41	Wacholder	42
Lein	38	Weißdorn	44
Löwenzahn	40		
Orchideen	29	**Tiere:**	
Raute	36	Insekten und Spinnen	50
Schlüsselblume	29	Kriechtiere	46
Schmetterlingsblütler	37	Schnecken	46
Segge	42	Tagfalter	47
		Vögel	45

Bildautoren

Jürgen Depenbrock: S. 58 re u
Tobias Kill: S. 77
Birgit Mietzner : S. 58 li o, re o, li u
NABU Skylark: S. 46
NABU Tom.Dove: S. 45
Klaus-Berndt Nickel: S. 67 o, u
Otto Reinhard: S. 21 u, 24, 51, 72

George Reinhart ©: S. 4, 11, 51, 52, 81, 93
Dr. Jürgen Römer: S. 60
Dieter Schwerdtle: S. 61, 62
Claudia Thöne: S. 63, 64, 65, 66
Alle anderen Fotos Sieglinde Nitsche

Blühzeiten typischer Arten der Halbtrockenrasen im NSG Dörnberg

Deutscher Artname	Wissenschaftlicher Name	April	Mai	Juni	Juli	Aug.	Sept.
Raues Veilchen	Viola hirta						
Gewöhnliche Küchenschelle	Pulsatilla vulgaris						
Wiesen-Schlüsselblume	Primula veris						
Frühlings-Fingerkraut	Potentilla tabernaemontani						
Knolliger Hahnenfuß	Ranunculus bulbosus						
Schwielen-Löwenzahn	Taraxacum laevigatum						
Großes Windröschen	Anemone sylvestris						
Knack-Erdbeere	Fragaria viridis						
Stattliches Knabenkraut	Orchis mascula						
Helm-Knabenkraut	Orchis militaris						
Kleiner Wiesenknopf	Sanguisorba minor						
Fliegen Ragwurz	Ophrys insectifera						
Kleines Habichtskraut	Hieracium pilosella						
Hufeisenklee	Hippocrepis comosa						
Gewöhnlicher Wundklee	Anthyllis vulneraria						
Schopfige Kreuzblume	Polygala comosa						
Mittlerer Wegerich	Plantago media						
Berg-Klee	Trifolium montanum						
Gewöhnliches Katzenpfötchen	Antennaria dioica						
Gewöhnlicher Hornklee	Lotus corniculatus						
Lothringer Lein	Linum leonii						

Deutscher Artname	Wissenschaftlicher Name	April	Mai	Juni	Juli	Aug.	Sept.
Großer Ehrenpreis	Veronica teucrium						
Großes Zweiblatt	Listera ovata						
Weißes Waldvöglein	Cephalanthera damasonium						
Genfer Günsel	Ajuga genevensis						
Magerwiesen-Margerite	Leucanthemum vulgare						
Rauer Löwenzahn	Leontodon hispidus						
Schmalblättriger Lein	Linum tenuifolium						
Rotbraune Ständelwurz	Epipactis atrorubens						
Bienen-Ragwurz	Ophrys apifera						
Mücken-Händelwurz	Gymnadenia conopsea						
Kleine Bibernelle	Pimpinella saxifraga						
Gewöhnliches Sonnenröschen	Helianthemum nummularium						
Feld-(Arznei-)Thymian	Thymus pulegioides						
Berg-Gamander	Teucrium montanum						
Große Braunelle	Prunella grandiflora						
Knäuel-Glockenblume	Campanula glomerata						
Tauben-Skabiose	Scabiosa columbaria						
Wilde Möhre	Daucus carota						
Hügel-Meier	Asperula cynanchica						
Dornige Hauhechel	Ononis spinosa						
Echtes Labkraut	Galium verum						

Deutscher Artname	Wissenschaftlicher Name	April	Mai	Juni	Juli	Aug.	Sept.
Wiesen-Flockenblume	Centaurea jacea						
Stängellose Kratzdistel	Cirsium acaule						
Rundblättrige Glockenblume	Campanula rotundifolia						
Golddistel	Carlina vulgaris						
Silberdistel	Carlina acaulis						
Deutscher Fransenenzian	Gentianella germanica						
Gewöhnlicher Fransenenzian	Gentianella ciliata						

Die Blühzeiten sind Durchschnittswerte. Sie können durch klimatische Einflüsse in den einzelnen Jahren abweichen und sind zusätzlich vom Standort abhängig.

Zentraler Bereich des Dörnberggebiets ist der Segelflugplatz zwischen dem Zentrum Helfensteine mit dem Naturparkzentrum Habichtswald und dem Naturschutzgebiet an den Hängen mit den großflächigen Wacholderhuten. Foto 2006 © George Reinhart

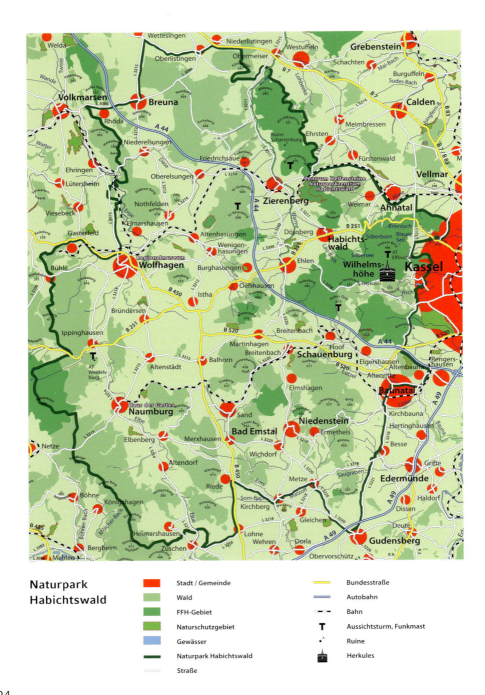

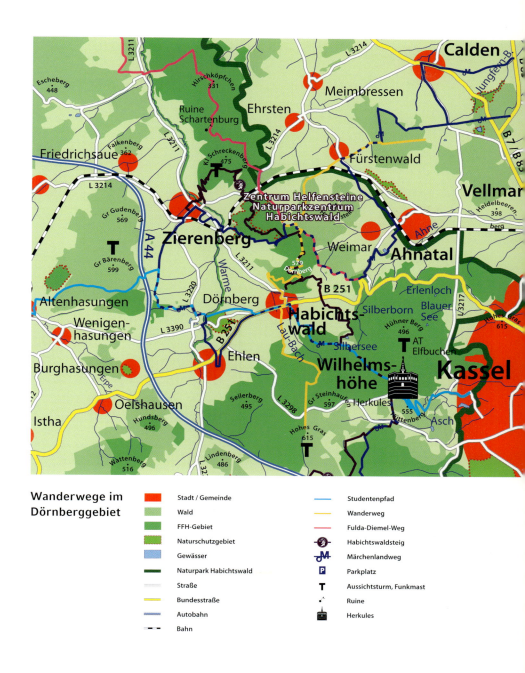